DESCARGA
GRATUITA

Como muestra de gratitud por su compra,

visite www.editorialclie.info
y descargue gratis:

*"Los 7 nuevos descubrimientos sobre
Jesús que nadie te ha contado"*

Código:

DESCU24

INTRODUCCIÓN A LA
TEOLOGÍA
CRISTIANA
ANALÍTICA

Thomas H. McCall

editorial clie

EDITORIAL CLIE
C/ Ferrocarril, 8
08232 VILADECAVALLS
(Barcelona) ESPAÑA
E-mail: clie@clie.es
http://www.clie.es

Publicado originalmente en inglés por InterVarsity Press
bajo el título *An Invitation to Analityc Christian Theology*
por Thomas H. McCall. © 2015 por Thomas H. McCall.
Traducido y publicado con permiso de InterVarsity Press,
P.O. Box 1400, Downers Grove, IL 60515, USA.

INTRODUCCIÓN A LA TEOLOGÍA CRISTIANA ANALÍTICA
ISBN: 978-84-17620-63-9
Depósito Legal: B 27268-2019
Teología cristiana
General
Referencia: 225134

Impreso en Estados Unidos de América / *Printed in the United States of America*

COLECCIÓN
BIBLIOTECA DE TEOLOGÍA ACTUAL
BTA

La naturaleza de la doctrina
George Arthur Lindbeck

Introducción a la teología cristiana analítica
Thomas H. McCall

"La teología analítica se ha asentado rápidamente como un programa de investigación importante y dinámico de la teología actual. Pero hasta ahora no ha tenido texto introductorio. Thomas McCall no solo ha entregado un volumen estelar con este único propósito, sino que además hace una contribución a la literatura teológica al hacer ver que la teología analítica no es meramente teología filosófica disfrazada de teología sistemática: es teología verdaderamente *teológica*. Se trata de un trabajo claro, bien escrito y convincente, que seguramente será de gran interés para un amplio público".

Oliver Crisp,
profesor de Teología sistemática, Fuller Theological Seminary

"Al comienzo de este libro extraordinario y bien necesario, Tom McCall promete presentar la teología analítica a los no especialistas, labor que realiza magnífica y sobradamente. No es una mera introducción, este libro interacciona constructivamente con un amplio número de teólogos y filósofos sobre temas teológicos esenciales. El equilibrio y la lucidez de McCall hacen de este un libro revolucionario no solo para el proyecto teológico analítico, sino también para hacer oír en plenitud la voz teológica desinteresada y sabia de McCall".

Matthew Levering,
profesor de Teología de la Fundación Perry Family, Mundelein Seminary

"Este libro oportuno y atractivo, escrito por uno de los principales profesionales de la teología analítica de hoy en día, es lectura obligada para cualquier persona interesada en una introducción esmerada, clara y accesible a este floreciente campo".

Michael Rea,
profesor de Filosofía, University of Notre Dame

"Buena parte de la teología actual, en su búsqueda de recursos adecuados, ha recurrido a los estudios culturales como socio preferente, alejándose de su inevitable relación con la filosofía. Dadas las circunstancias, es un gran placer dar la bienvenida a un libro que plantea una fase completamente nueva en la producción de filosofía para la articulación y enriquecimiento de formas sólidas de teología cristiana. McCall tiene exactamente la clase adecuada de competencias para llevar a cabo esta tarea: una base teológica segura en la tradición cristiana, una aguda comprensión de las fuentes filosóficas, una economía expositiva maravillosa y clara, y una voz propia y diferenciada. Se trata de una espléndida introducción a una nueva y emocionante fase de la teología cristiana".

William J. Abraham,
Perkins School of Theology, Southern Methodist University

"Con una combinación viva de trabajo teórico y constructivo, Tom McCall no solo presenta, sino que contribuye a la disciplina en ciernes de la teología analítica. Moviéndose hábilmente entre aclaraciones y declaraciones programáticas por un lado, y estudios de casos por otro, McCall ha escrito un libro que interesará tanto a estudiantes como a especialistas".

Kevin Hector,
profesor adjunto de Teología y Filosofía de las religiones,
The University of Chicago Divinity School

ACERCA DEL AUTOR

THOMAS H. McCALL, Doctor por el Seminario Calvin, es profesor de teología bíblica y sistemática y director del Carl F. H. Henry Center for Theological Understanding en la Trinity Divinity School de Derfield, Illinois.

El Dr. McCall trabaja en las intersecciones de la teología sistemática con la teología bíblica, histórica y filosófica. Sus intereses de investigación se centran en las doctrinas de la Trinidad, cristología, hamartiología y soteriología.

Sus proyectos actuales incluyen una monografía sobre la doctrina del pecado (hamartiología) y una introducción a la teología filosófica. Antes de su llegada al Trinity Divinity School, el Dr. McCall se desempeñó como pastor de iglesias en Michigan y Alaska. Con su esposa Jenny y sus cuatro hijos, disfruta de una amplia gama de deportes y actividades al aire libre.

A Bill Ury, mi primer y mejor profesor de teología.
Me enseñaste lo que significa hacer teología para la gloria de Dios
y por el bien del mundo, y me ayudaste a vislumbrar de forma preciosa
el "amor divino, que sobrepasa a todo amor". Siempre te estaré agradecido.

CONTENIDO

INTRODUCCIÓN

La amplia gama de eventos y publicaciones que se recogen libremente bajo la etiqueta "teología analítica" es a la vez bastante amplia y muy activa. Sus defensores y practicantes van desde filósofos y teólogos de tradición ortodoxa y católico romana, pasando por eruditos de sensibilidad anglicana, luterana, metodista, etc., hasta teólogos evangélicos conservadores e incluso revisionistas o "progresistas". En algunos sectores el entusiasmo es alto. En otros sectores de la universidad teológica (y filosófica), la sospecha e incluso la hostilidad son profundas. El malentendido a menudo acompaña a la etiqueta, y son muchas las preguntas. Pero ¿qué es eso llamado "teología analítica"? ¿Cuáles son sus características "accidentales" y cuáles sus atributos "esenciales"? ¿Y qué vamos a hacer de ella *en tanto que teología*? ¿O es simplemente una disciplina dependiente de la metafísica analítica técnicamente precisa y con una agenda preestablecida? ¿A dónde se dirige? ¿Tomará —o deberá tomar— alguna dirección previsible?

En este libro inicio a quienes no son especialistas en la teología analítica. Intento dejar claro tanto lo que *no es* como lo que *sí es*. En consecuencia, analizo qué es lo que hace que la teología analítica sea *analítica* y trato de establecer qué hace que la teología analítica sea realmente teología. Específicamente, describo las conexiones de la teología analítica con las Escrituras, la tradición cristiana y la cultura (concebida en sentido amplio), y lo hago utilizando estudios de casos para ilustrar las relaciones y la necesidad de una mayor integración entre ellas. Aquí también debo confesar que tengo un plan: espero influir en el futuro de la teología analítica llamando a esta disciplina a comprometerse más profundamente con los recursos tradicionales de la labor teológica.

Me pongo a trabajar en la teología analítica como alguien que es, por formación y por vocación, teólogo. Por eso mismo, agradezco especialmente la paciencia y la amabilidad de aquellos amigos y colegas que cuentan con una experiencia genuina en epistemología, metafísica y filosofía de la religión (así como en historia de la filosofía). Les debo mucho por las capacidades que tengo como teólogo analítico y les estoy realmente agradecido por su compañerismo y aliento. También estoy agradecido por aquellos colegas teólogos que han asumido el tema de la teología analítica, así como a aquellos que abrieron el camino haciéndolo antes incluso de que ni siquiera se la llamara así. Oliver Crisp, Mike Rea y Billy Abraham leyeron el manuscrito y aportaron su crítica y aliento muy útiles, y como resultado mejorando mucho el libro (todas las faltas restantes son, por supuesto, únicamente mías).

Además, doy las gracias a la comunidad de santos y eruditos que me rodean en la Trinity Evangelical Divinity School (y especialmente a los miembros del

Grupo de diálogo de Deerfield que leyeron parte del manuscrito) y también estoy en deuda con la administración y la junta de directores por un año sabático en el otoño de 2014.

Capítulo 1

¿QUÉ ES LA TEOLOGÍA ANALÍTICA?

El miedo al escolasticismo es la marca de los falsos profetas

KARL BARTH[1]

I. BREVE HISTORIA DE LA TEOLOGÍA ANALÍTICA

Donde estábamos: el renacimiento de la filosofía de la religión. Durante buena parte del siglo XX, se solía considerar a la filosofía académica, sobre todo a la filosofía "analítica" angloamericana, contraria a la creencia teísta tradicional en general y quizás especialmente a la fe cristiana.[2] El positivismo lógico recalcó que las afirmaciones teológicas eran no solo falsas, sino absurdas y, muchos filósofos, consideraron difícil incluso tomar en serio la teología. Las conclusiones de A. J. Ayer son a la vez representativas e influyentes. Dice que la "posibilidad del conocimiento religioso" ha sido "descartada por nuestro tratamiento de la metafísica".[3] Si el "criterio de verificabilidad" excluye la metafísica, y si la teología es solo una categoría inferior de la metafísica, entonces la teología está obviamente excluida –la sola *posibilidad* ha sido descartada y hablar de Dios carece literalmente de sentido.[4] Hud Hudson dice, "Conocedor de que las cuestiones sobre la existencia, naturaleza y significado de la deidad debían abordarse exclusivamente

---

1. Karl Barth, *Church Dogmatics*, vol. I/1, *The Doctrine of the Word of God*, ed. T. F. Torrance, trad. Ing. Geoffrey Bromiley (Edinburgh: T & T Clark, 1975), p. 279.

2. Me doy cuenta de que (al menos en algunas acepciones del término) la historia de la teología analítica es muy anterior a la era moderna y, de hecho, tiene mucho más en común con la escolástica que con la filosofía del siglo veinte o la teología moderna.

3. Alfred Jules Ayer, *Language, Truth, and Logic* (New York: Dover, 1952), p. 114.

4. *Ibíd.*, p. 35.

1

bajo la dirección de análisis lingüísticos del lenguaje religioso, y bajo la amenaza de teorías probatorias del significado, inexplicablemente populares, los filósofos analíticos nos dijeron a los teólogos que no habíamos logrado decir nada falso, ya que no habíamos conseguido decir nada en absoluto".[5]

La respuesta que muchos teólogos de la era moderna más reciente dieron a las teorías de la filosofía general en los medios angloamericanos fue comprensible: ignorar mayormente el trabajo de los filósofos y buscar recursos intelectuales e interlocutores en otros sitios. Hubo quienes buscaron refugio en la filosofía "continental", mientras que otros se opusieron a cualquier entendimiento entre la filosofía y la teología.

Pero la segunda mitad del siglo XX fue testigo de algunos cambios notables. Como señala Hudson, "Afortunadamente, este momento tan desgraciado de la historia de la filosofía analítica fue temporal, así como su devoción servil por los análisis lingüísticos, el afán de verificación y todas aquellas subsiguientes sospechas infundadas sobre la metafísica, la ética y la religión".[6] El positivismo lógico no podía soportar su propio peso, y los confiados pronunciamientos de Ayer ahora se valoran más como una pieza de museo pintoresca de historia de la filosofía ("Mirad, niños, ¿no es extraordinario que alguien haya dicho esto, y especialmente de manera tan arrogante?") que como un útil legado de ideas filosóficas. Con el hundimiento del positivismo vino un renacimiento de la metafísica seria, y con el hundimiento y el renacimiento de la metafísica se produjo un renacimiento de la filosofía de la religión.[7] Si antes el tratamiento filosófico de temas teológicos se había considerado una pérdida total de tiempo, ahora se ve como un área de investigación interesante. Otra vez el compromiso serio y constante con asuntos de interés religioso y teológico de siempre volvía a ocurrir, y muchos de los filósofos involucrados en ese trabajo eran, y son, cristianos comprometidos.

No todos los filósofos se alegran con estos avances, pero cada vez es más difícil para ellos no tenerlos en cuenta. Quentin Smith habla (y censura) estos avances:

> La secularización del mundo académico principal comenzó a desenmarañarse rápidamente con la publicación en 1967 del influyente libro de Plantinga sobre el teísmo realista, *God and Other Minds* (Dios y otras mentes). A los filósofos les quedó claro que este libro ponía de manifiesto que los naturalistas no superaban a los teístas realistas según los estándares más altos de la filosofía académica:

---

5. Hud Hudson, *The Fall and Hypertime* (Oxford: Oxford University Press, 2014), p. 4.

6. *Ibíd.*, p. 5.

7. Para conocer esta historia ver Nicholas Wolterstorff, "How Philosophical Theology Became Possible Within the Analytic Tradition of Philosophy," en *Analytic Theology: New Essays in the Phi- losophy of Theology*, ed. Oliver D. Crisp y Michael C. Rea (Oxford: Oxford University Press, 2009), pp. 155-68.

precisión conceptual, rigor argumental, erudición técnica y la defensa radical de una cosmovisión original. Este libro, al que siguió siete años después el aún más extraordinario libro de Plantinga, *The Nature of Necessity* (Naturaleza de la necesidad) dejó claro que un teísta realista estaba escribiendo al más alto nivel de calidad de la filosofía analítica en el mismo campo de juego que Carnap, Russell, Grünbaum y otros naturalistas.[8]

Smith, en lo que básicamente equivale a una voz de alarma dirigida a sus colegas ateos, concluye que "Dios no ha muerto" en el mundo académico; revivió a finales de la década de 1960 y ahora está vivo y bien vivo en su último bastión académico, los departamentos de filosofía".[9]

Aunque creer que los filósofos cristianos han ganado la batalla sería prematuro e impropio (siguen siendo, se mire como se mire, una minoría sustancial en el campo de la filosofía académica), Smith tiene razón en que la situación es muy diferente a la de hace unos cuantos años. La Sociedad de Filósofos Cristianos, fundada en 1978 como un pequeño grupo de eruditos diversos más unidos por intereses comunes que por compartir algún credo en particular, tiene ya alrededor de mil miembros. Varias revistas, especialmente *Fe y Filosofía, Philosophia Christi, Estudios Religiosos, Sophia, Philo* y la *Revista Internacional de Filosofía de la Religión*, están dedicadas a temas relacionados con el estudio de la filosofía de la religión, y los filósofos cristianos son muy activos en este y otros campos. Al mismo tiempo, los filósofos cristianos son muy dinámicos en otras áreas más "generales" de la filosofía contemporánea. Es importante saber que lo que últimamente se ha estado trabajando en metafísica y epistemología en particular, ha estado influenciado por filósofos interesados en lo religioso y por compromisos cristianos bien conocidos.

No es sorprendente que el aumento de la participación cristiana en la filosofía se haya visto acompañado por un mayor interés en temas que siempre han interesado a la filosofía de la religión. Por supuesto, nunca se había dejado de trabajar por completo sobre tales temas, porque filósofos prominentes como Basil Mitchell, Peter Geach, Austin Farrer y otros, estaban haciendo contribuciones importantes mucho antes de que el renacimiento actual de la filosofía cristiana realmente despegara.[10] Sin embargo, el compromiso ha ido creciendo

---

8. Quentin Smith, "The Metaphilosophy of Naturalism," *Philo* 4, no. 2 (2001): 2.

9. *Ibíd.*, p.3.

10. Por ejemplo, Basil Mitchell, *The Justification of Religious Belief* (Oxford: Oxford University Press, 1981); Mitchell, *Faith and Criticism* (Oxford: Oxford University Press, 1995); Mitchell, *Morality, Religious and Secular: The Dilemma of the Traditional Conscience* (Oxford: Oxford University Press, 1986); Peter Geach, *God and the Soul* (South Bend, IN: St. Augustine's Press, 1969); Geach, *Providence and Evil* (Cambridge: Cambridge University Press, 1977); Geach, *The Virtues* (Cambridge: Cambridge University Press, 1977); Geach, *Logic Matters* (Berkeley: University of California Press, 1972); Austin Farrer, *The Freedom of the Will* (London: Black, 1958); Farrer, *Love Almighty and Ills Unlimited: An Essay on Providence and Evil* (London: Collins, 1961);

a una velocidad asombrosa. Temas relacionados con el pluralismo religioso y el exclusivismo, el problema del mal (que incluye no solo el problema "lógico" del mal, sino también el problema de cómo este se hace "evidente"), la epistemología religiosa, la experiencia religiosa, los milagros, los argumentos teístas (en particular, varias versiones de los argumentos ontológicos, cosmológicos, teleológicos y morales) y la ciencia y la religión se han estudiado y analizado con un empuje y un rigor impresionantes.[11] Las diferentes posturas han sido expuestas y explicadas, atacadas y defendidas, siendo así modificadas hasta su redacción definitiva. Las obras realizadas de filosofía de la religión no han sido ajenas a otras obras filosóficas más "convencionales". Por el contrario, en muchos sentidos, han sido de vital importancia para la epistemología, la ética y la metafísica. Usando esta última como ejemplo, desde la primera obra de Alvin Plantinga *The Nature of Necessity* hasta las contribuciones recientes de Brian Leftow en *God and Necessity* (Dios y la necesidad), importante obra sobre la metafísica de la modalidad, profundamente –hay quien podría decir "esencialmente"– relacionada con la filosofía de religión.[12] A juzgar por el interés y por el resultado, la filosofía analítica de la religión no solo está bien viva, sino que también goza de buena salud y de fortaleza.

Cómo hemos llegado hasta aquí: de la filosofía de la religión a la teología filosófica. Con todo el empuje y la energía intelectual que se percibe y se refleja en obras sobre cuestiones generales o genéricas sobre filosofía de la religión, el interés de los filósofos cristianos no se ha limitado a esas cuestiones. Al contrario, los filósofos cristianos han estado profundamente interesados en temas teológicos claramente cristianos y han dedicado mucha energía en el análisis y la defensa de la doctrina cristiana. Los últimos decenios han sido testigos de un

---

Farrer, *Saving Belief: A Study of Essentials* (London: Hodder & Stoughton, 1964); Farrer, *Faith and Speculation: An Essay in Philosophical Theology* (London: Black, 1967).

11. Los contenidos, y tal vez la existencia misma, de los numerosos y enormes "manuales" y "complementos" de la filosofía de la religión dan testimonio de este hecho. Ver, por ejemplo, William J. Wainwright, ed., *The Oxford Handbook of Philosophy of Religion* (New York: Oxford University Press, 2005); Philip L. Quinn y Charles Taliaferro, eds., *A Companion to Philosophy of Religion* (Oxford: Blackwell, 1997); William E. Mann, ed., *The Blackwell Guide to the Philosophy of Religion* (Oxford: Blackwell, 2005); Michael L. Peterson y Raymond J. VanArragon, eds., *Contemporary Debates in Philosophy of Religion* (Oxford: Blackwell, 2004); J. P. Moreland y William Lane Craig, eds., *The Blackwell Companion to Natural Theology* (Oxford: Blackwell, 2009); Justin Mc-Brayer y Daniel Howard-Snyder, eds., *The Blackwell Companion to the Problem of Evil* (Oxford: Blackwell, 2013); Chad Meister y Paul Copan, eds., *The Routledge Companion to Philosophy of Religion*, 2nd ed. (New York: Routledge, 2013). Ver también las importantes series de Oxford Studies in Philosophy of Religion editadas por Jon Kvanvig.

12. Ver Alvin Plantinga, *The Nature of Necessity* (Oxford: Oxford University Press, 1974); y Brian Leftow, *God and Necessity* (Oxford: Oxford University Press, 2012). Ver tambien la reciente propuesta de Hugh J. McCann, *Creation and the Sovereignty of God* (Bloomington: Indiana University Press, 2012).

trabajo importante sobre la doctrina de la revelación (y lo que Dios ha hablado); la inspiración, autoridad e interpretación de las Escrituras cristianas; los atributos divinos (particularmente la unicidad, la necesidad, autogeneración, omnipotencia, omnisciencia, eternidad y libertad); la actuación divina en la creación; la providencia; la intervención milagrosa; la antropología teológica; el pecado original; la encarnación; la expiación; la resurrección; y la escatología.[13]

Dónde estamos: teología filosófica y teología analítica. El uso del término teología analítica es reciente. Hay, por supuesto, importantes precursores de este trabajo: David Kelsey, Nicholas Wolterstorff y otros en Yale; figuras dispares como William P. Alston, Norman Kretzmann, George Mavrodes, Keith Yandell y otros en diversos lugares de los Estados Unidos; Paul Helm y Richard Swinburne en el Reino Unido; y Vincent Brummer y otros de la escuela de teología filosófica de Utrecht en los Países Bajos. En estos momentos, siguiendo a pioneros como estos, y basándose en el reciente renacimiento de la metafísica y la filosofía de la religión, el movimiento de la teología analítica está creciendo. La publicación del volumen *Analytic Theology: Essays in the Philosophy of Theology* (Teología analítica: ensayos sobre la filosofía de la teología), editado por Oliver D. Crisp y Michael C. Rea, marcó un hito importante. El Proyecto de Teología Analítica (patrocinado y promovido por el Centro de Filosofía de la Religión de Notre Dame, la Universidad de Innsbruck en Austria y el Centro Shalem en Jerusalén, y financiado con generosas subvenciones de la Fundación John Templeton) con su conferencia anual Logos y otras actividades, el lanzamiento del *Journal of Analytic Theology* (Diario de teología analítica) y la inauguración de la serie de libros *Oxford Studies in Analytic Theology* (Estudios de teología analítica de Oxford) dan apoyo a este creciente movimiento.

El significado del término *teología analítica* puede variar en el lenguaje común, y podemos decir que no existe un significado único y decisivo del término cuando se lo usa como una etiqueta. Aun así, quizás podamos decir sin temor a equivocarnos que en lo que coincide el abanico de significados es en esto: la *teología analítica* significa el compromiso de emplear las herramientas conceptuales de la filosofía analítica allá donde esas herramientas puedan servir para hacer teología cristiana constructiva. Como es natural, los especialistas no se pondrán de acuerdo sobre cuáles de esas herramientas son las más útiles, a qué proyectos servirán mejor, etc., pero en general, tal descripción minimalista parece lo suficientemente

---

13. Una vez más, la proliferación de "lecturas", "manuales" y "complementos" son la evidencia de la amplitud y profundidad del trabajo emprendido; p.ej., Oliver D. Crisp, ed., *A Reader in Contemporary Philosophical Theology* (New York: T & T Clark, 2009); Michael C. Rea, ed., *Oxford Readings in Philosophical Theology*, 2 vols. (Oxford: Oxford University Press, 2009); Thomas P. Flint y Michael C. Rea, eds., *The Oxford Handbook of Philosophical Theology* (Oxford: Oxford University Press, 2009); Charles Taliaferro y Chad Meister, eds., *The Cambridge Companion to Christian Philosophical Theology* (Cambridge: Cambridge University Press, 2010).

segura. William J. Abraham hace este útil resumen: la teología analítica "puede convenientemente definirse de la siguiente manera: es una teología sistemática en sintonía con las habilidades, recursos y virtudes de la filosofía analítica".[14] Como tal, la teología analítica es un campo creciente y potente en el que se cruzan la filosofía de la religión y la teología sistemática.

II. QUÉ ES O QUÉ DEBERÍA SER LA TEOLOGÍA ANALÍTICA

Esta descripción minimalista, aunque bastante segura, no nos lleva muy lejos. ¿Qué hacemos, más precisamente, cuando hacemos teología analítica? ¿Qué es la teología analítica? Quizás nos sirva de ayuda ver primero qué es lo *analítico* en la teología analítica, y después veremos en qué es un ejercicio de *teología*.

La teología analítica como tal. Como hemos visto, Quentin Smith elogia el trabajo de Plantinga por su excelencia en "los niveles más altos de filosofía analítica: la precisión conceptual, el rigor de la argumentación, la erudición técnica y la defensa profunda de una cosmovisión original".[15] Oliver D. Crisp secunda esta valoración de este considerado buen trabajo de filosofía analítica. Observa que la filosofía analítica se caracteriza por "el rigor lógico, la claridad y la concisión, junto con el interés por un cierto conjunto de problemas filosóficos".[16] Según él, la teología analítica es igualmente significativa porque "valorará virtudes intelectuales como la claridad, la concisión expresiva y el rigor argumental".[17] La descripción que Michael C. Rea hace de la filosofía analítica refleja de alguna manera estas definiciones. Aunque reconoce que no será fácil que aparezcan líneas claras y nítidas entre los puntos de vista filosóficos "analíticos" y los "no analíticos" (o "continentales"), ni que quizás valga realmente la pena el esfuerzo. Rea describe los tratamientos analíticos de la filosofía en términos de *estilo* y *ambición*.[18] Generalmente, las aspiraciones son "descubrir el alcance y los límites de nuestras capacidades para obtener conocimiento del mundo", y "aportar teorías explicativas tan veraces como podamos en áreas de investigación (metafísica,

---

14. William J. Abraham, "Systematic Theology as Analytic Theology," en *Analytic Theology: New Essays in the Philosophy of Theology*, ed. Oliver D. Crisp y Michael C. Rea (Oxford: Oxford University Press, 2009), p. 54.

15. Smith, "Metaphilosophy," p. 2.

16. Oliver D. Crisp, "On Analytic Theology," en Crisp y Rea, *Analytic Theology*, p. 35.

17. *Ibíd.*, pp. 37-38.

18. Michael C. Rea, Introduction to Crisp and Rea, *Analytic Theology*, pp. 3-4. Ver también Nick Trakakis, "Meta-Philosophy of Religion: The Analytic-Continental Divide in Philosophy of Religion," *Ars Disputandi* 7 (2007): 179-220.

moral, etc.) que estén fuera del alcance de las ciencias naturales".[19] Rea describe el estilo incluyendo las siguientes exigencias:

> P1. Escribe como si las posiciones y conclusiones filosóficas pudieran formularse correctamente mediante declaraciones que puedan expresarse y tratarse en forma lógica.

> P2. Da la mayor importancia a la precisión, a la claridad y a la coherencia lógica.

> P3. Evita el uso sustantivo (no ilustrativo) de metáforas y otras figuras del lenguaje cuyo contenido semántico supere su contenido proposicional.

> P4. Trabaja cuanto sea posible con conceptos antiguos bien entendidos, y conceptos que puedan analizarse bajo esos mismos términos.

> P5. En cuanto te sea posible, trata el análisis conceptual como una fuente probatoria.[20]

Todo esto, como mínimo, caracteriza a la filosofía analítica. Entonces, ¿qué ocurre con la teología analítica? Según lo ve Rea, "la teología analítica es simplemente la actividad de ocuparse de temas teológicos con las ambiciones de un filósofo analítico y con un estilo que se adapta a las exigencias propias del discurso filosófico analítico. También implicará, más o menos, ocuparse de esos temas de manera que produzca la literatura propia de la tradición analítica, empleando parte de su vocabulario técnico, etc. Pero al final, lo más importante es el estilo y las aspiraciones".[21]

Todo esto es válido, pero quizás venga bien un poco más de explicación. Considera el punto P1. Esto no tiene por qué significar necesariamente que todas las afirmaciones significativas en teología (o filosofía) deban expresarse formalmente; no hay que entenderlo en el sentido de que toda propuesta teológica debe establecerse sistemáticamente, con proposiciones numeradas y una estructura formal. Lo que sí significa, sin embargo, es que para los teólogos la posición de partida debería ser el realizar propuestas que puedan expresarse de ese modo. Porque, como dice Rea, "salvo circunstancias especiales", las cosas "han ido muy mal" si un punto de vista "se expresa de modo que no tenga conclusiones lógicas claras".[22]

Considera también el punto P2. Esto no debe –ni debería– interpretarse como que la precisión lógica y la coherencia fueran los únicos criterios importantes para un teólogo, ni tampoco ha de entenderse que la precisión lógica y la

---

19. Rea, introducción, p. 4.

20. *Ibíd.*, pp. 5-6.

21. *Ibíd.*, p.7.

22. *Ibíd.*, p. 5, n. 5.

coherencia sean los criterios más importantes. El teólogo que está convencido de que su primer compromiso es la fidelidad a lo prioritario y definitivo de la revelación divina no debería tener ninguna dificultad en aceptar el punto P2. Además, tampoco se debe entender que este punto P2 implique que los mismos niveles de precisión lógica son posibles con todos los temas teológicos, ni tampoco que todos los proyectos teológicos requieren los mismos niveles de precisión y rigor argumental. Consideremos, por ejemplo, la literatura catequética infantil. Está claro que esta literatura es teológica, pero ni puede ni debe intentar mostrar el mismo nivel de precisión lógica o rigor argumental que, por ejemplo, un trabajo avanzado de teología escolástica. El punto P2 no exige que tal literatura teológica deba hacerlo, o que todo trabajo teológico tenga que realizarlo siempre.

Tampoco debemos malinterpretar el punto P2 con respecto a la importancia de la "claridad" que se pide. Rea señala que esta afirmación puede parecer irónica "sabiendo que gran cantidad de filosofía analítica (y, podríamos agregar, cierta teología analítica) es muy difícil incluso para los especialistas, y totalmente inaccesible para los no especialistas".[23] Pero "claro" no quiere decir "fácil". En cambio, expresa el compromiso de trabajar "aclarando premisas ocultas, tratando escrupulosamente de desvelar cualquier evidencia que uno tenga (o de la que carezca), de las afirmaciones que hace, y tratar de ceñir su vocabulario al lenguaje común, a conceptos primarios bien entendidos y a un lenguaje técnico definible en esos mismos términos".[24] Por último, hemos de señalar que el punto P2 no implica que todo (o todo de lo que merezca la pena hablar) en teología estará claro como el cristal. El objetivo de la teología analítica no es (o al menos no lo es necesariamente) eliminar todo misterio de la teología. Por el contrario, los filósofos analíticos de la religión han sido durante mucho tiempo muy conscientes del lugar que ocupa el misterio en teología, y puede que en ciertos puntos un papel importante del teólogo sea aclarar dónde reside realmente el misterio. El punto P2 no dice que la teología analítica haga que todo esté "claro", en el sentido de que logre que todo sea "fácil y fácilmente accesible para el no especialista". En cambio, lo que reclama es la claridad frente a los destinatarios apropiados y en la mayor medida posible. E insiste en que no debemos confundir el "misterio" con la incoherencia lógica, así como que no debemos ensalzar lo que es claramente incoherente con el manto del "misterio". Como dice Alan G. Padgett, la teología debería "buscar la verdad sobre Dios" y "por tanto, ha de evitar la incoherencia y la irracionalidad".[25] Donde "a veces se evoca el 'misterio' como excusa para el

---

23. *Ibíd.*, p. 5, n. 6.

24. *Ibíd.*

25. Alan G. Padgett, "The Trinity in Theology and Philosophy: Why Jerusalem Should Work with Athens", en *Philosophical and Theological Essays on the Trinity*, ed. Thomas McCall y Michael C. Rea (Oxford: Oxford University Press, 2009), p. 332.

pensamiento poco riguroso, esto ha de ser anatema para cualquier teología académica digna de ese nombre". Porque, "después de todo, el misterio de Dios no termina cuando la teología habla claramente. La sencilla frase, 'Cristo me ama, bien lo sé, la Biblia me lo dice así', cubre vastos y profundos misterios que incluso los ángeles miran con asombro y admiración".[26]

El punto P3 "evita el uso sustantivo (no ilustrativo) de metáforas y otras figuras del lenguaje cuyo contenido semántico supere su contenido proposicional". Esto no significa, o no tiene por qué significar, que no haya un lugar válido o valioso para la metáfora en teología. Los teólogos analíticos no estarán de acuerdo entre sí en cuanto a cómo, y en qué medida, la metáfora es útil y legítima.[27] Pero el punto fundamental está bastante claro: en el punto P3, los teólogos no pueden usar libremente las metáforas si no explican exactamente lo que tales metáforas significan. No son, por tanto, libres de defender aquello cuyo significado no puede ser especificado o explicado. Los teólogos no están autorizados a utilizar lo que Randal Rauser denomina "falta de claridad inclarificable".[28] El punto P4 le pide al teólogo analítico que trabaje con "conceptos primarios bien entendidos" que razonablemente se consideran básicos, intuitivos o (al menos) no polémicos (y con conceptos que pueden ser entendidos en sus propios términos primarios). Algunos teólogos verán rápidamente un problema aquí; les preocupará que la misma noción de "conceptos primarios bien entendidos" pueda ocultar puntos ciegos de posicionamiento y privilegios sociales y ser una cama de Procusto[29] que recorta los conceptos teológicos a "lo que ya sabemos que es verdad" y, por tanto, restringe la posibilidad de comprometerse con la revelación divina. Pero, una vez más, es importante no malinterpretar el punto P4. El "cuanto sea posible" es fundamental aquí, pues si los conceptos entendidos previamente no bastan, entonces se pueden ajustar algunos de ellos. Otros no serán tan fáciles de ajustar o de rechazar, pero esta categoría de conceptos primarios es bastante pequeña y muy básica (por ejemplo, la ley de la no contradicción). Es decir, que no hay razón alguna para pensar que la idea de "conceptos primarios bien entendidos" tenga que ser como una cama de Procusto.

Por último, Rea dice que el punto P5 nos invita a "tratar el análisis conceptual (en cuanto sea posible) como una fuente probatoria". Debe quedar claro

---

26. *Ibíd.*

27. *Ibíd.*

28. Agradezco a Billy Abraham por insistir en este punto. El trabajo "modelo" sobre la metáfora en teología sigue siendo Janet Martin Soskice, *Metaphor and Religious Language* (Oxford: Oxford University Press, 1987).

29. Personaje de la mitología griega conocido porque ataba a sus víctimas a una cama a las que ajustaba su tamaño cortándoles o estirándoles los miembros. Se aplica la expresión a cuando se deforman los datos de una realidad para adaptarlos a una hipótesis previa. N.T.

que él no está diciendo que el análisis conceptual es la única fuente probatoria, y no hay ninguna razón para pensar que deba entenderse así. Tampoco dice que el análisis conceptual sea la fuente probatoria *principal* o *definitiva*. El punto P5 hace una afirmación importante, pero es más bien modesta. Insiste en lo siguiente: si un análisis conceptual próximo revela que alguna proposición teológica P es, digamos, internamente contradictoria, entonces ese análisis nos proporciona toda la evidencia que necesitamos para rechazarlo. No importa lo grande que sea lo que dicen los partidarios de P en defensa de las evidencias presentadas, si P es contradictorio (basado en sí mismo, o de algún otro modo), entonces no es verdadero. Una vez establecido que P es contradictorio (tarea mucho más difícil de lo que a veces se supone), tenemos toda la razón para llegar a la conclusión de que es erróneo. Además, por supuesto, el análisis conceptual también puede servir de evidencia en otras formas más positivas. Pensemos, teológicamente, por ejemplo, en lo perfecto: los teólogos estudian la "perfección" y luego toman conclusiones de ese estudio como pruebas que apoyen sus conclusiones teológicas.

Por supuesto, se podría decir mucho más sobre lo que hace que la teología analítica sea verdaderamente *analítica*. Aunque podríamos expandirlos y ampliarlos (especialmente en direcciones que den menos importancia a la precisión), los puntos P1 a P5 de Rea nos dan una idea inicial de lo que significa decir que la teología es teología analítica. En términos generales, la teología analítica es una teología que está en sintonía y comprometida con los "objetivos y aspiraciones" de la filosofía analítica: compromiso con la verdad dondequiera que se encuentre, claridad de expresión y rigor argumental. Con frecuencia, no dudará en hacer un uso adecuado de las herramientas disponibles de la filosofía analítica, especialmente porque estas ayudan a la precisión conceptual y al rigor argumental.

La teología analítica como tal. Pero si, recurriendo a Smith, lo que hace que la teología analítica sea realmente *analítica* es el interés por la "precisión conceptual" y el "rigor argumental", entonces, ¿qué es lo que hace la teología analítica sea *teología*? Este libro desarrolla una respuesta a esta pregunta, pero un resumen inicial puede sernos de ayuda.

Recordemos que Smith no solo habla de "precisión conceptual" y de "rigor argumental", sino también de "erudición técnica" y de la "defensa profunda de una cosmovisión original". Para el filósofo analítico la "erudición técnica" implicará naturalmente el dominio del campo requerido (metafísica, filosofía del pensamiento, epistemología, etc.), pero también puede requerir ser competentes en otros campos relacionados (biología, para la filosofía de la biología; neurología, para la filosofía del pensamiento, etc.). Para el teólogo analítico dicha erudición requerirá ser competentes en las áreas relevantes del estudio filosófico necesarias para la "precisión conceptual" y el "rigor argumental". Pero para el teólogo analítico, en tanto que teólogo, debe implicar mucho más que esto. Porque, a menos que la teología analítica sea una mera "teología de salón" (aunque tal teología de salón la hagan personas muy inteligentes), se basará en las Escrituras cristianas, sus aportes vendrán de la gran tradición del desarrollo doctrinal, seguirá la "norma cristológica" y estará culturalmente condicionada. Como teología buscará articular lo que podemos saber de Dios según Dios se nos ha revelado. Como Nicholas Wolterstorff expone a los teólogos:

> No seáis filósofos de pacotilla ni falsos teóricos culturales, no seáis sucedáneos de nada. Sed teólogos auténticos. Estad bien fundamentados en la filosofía [...] pero sed teólogos [...] Lo que necesitamos oír de vosotros es cómo se ven las cosas cuando se ven a la luz del Dios trino, ¡sea su nombre alabado! Quien nos creó y nos sustenta, quien nos redime y quien traerá esta frágil y caída, aunque gloriosa, humanidad y universo a su consumación.[30]

En consecuencia, la teología analítica es una teología hecha por teólogos que están "bien fundamentados" en filosofía (muchos de ellos tendrán una amplia capacitación y experiencia profesional, y de hecho pueden ser eminencias en su propia área), pero con todo, es teología.

Tal idea de la teología no es, desde luego, de ninguna manera, nueva. Eso que de forma práctica llamamos "teología analítica" se parece bastante en muchos aspectos a las formas profundamente tradicionales de hacer teología. El ejemplo lo podemos ver en la teología de los escolásticos (tanto medievales como posteriores a la Reforma e inicios de la Modernidad). Entonces, en cierto sentido, el renacimiento de la teología analítica puede considerarse como un escolasticismo redivivo. Como dice Richard Swinburne, ciertamente un pionero de la teología analítica, "la teología a gran escala necesita un argumento claro y riguroso", y es "un gran momento para que la teología vuelva" a los niveles establecidos por Tomás de Aquino, Dun Escoto y otros.[31] Pero no solo los "grandes escolásticos" trabajaron así, pues también podemos ver muchas de esas virtudes en teólogos que van desde los Padres de la Iglesia a los pietistas.[32] A muchos teólogos de la tradición cristiana les preocupaba tanto la "precisión conceptual" como el "rigor argumental", así como la "erudición técnica" y la "defensa profunda de una cosmovisión original".

Tengamos en cuenta lo que John Wesley, evangelista no clasificado como "escolástico" o como "teólogo analítico", tiene que decir acerca de lo importante

---

30. Nicholas Wolterstorff, "To Theologians: From One Who Cares About Theology but Is Not One of You," *Theological Education* (2005): 91-92.

31. Richard Swinburne, *The Coherence of Theism*, 2ª ed. (Oxford: Oxford University Press, 1993), p. 7.

32. Ver p.ej., Gregory of Nyssa, *Against Eunomius* 1.42, *Nicene and Post-Nicene Fathers*, ed. Philip Schaff, series 2 (1886–1889; repr., Peabody, MA: Hendrickson, 1994), 5:98-99 (Patrologia Graeca [= *Patrologiae Cursus Completus*: Series Graeca], ed. Jacques-Paul Migne [Paris, 1857– 1886], 45:460-61).

que es adquirir las herramientas para obtener la "precisión conceptual" y el "rigor argumental". "Para conocer las Escrituras (dice) es necesario servirse de la lógica".[33] A pesar del hecho de que esté "ya bastante pasada de moda", la lógica, sin embargo, no tiene precio, porque nos permite "comprender las cosas con claridad, juzgar con verdad y razonar de manera concluyente".[34] Y como con la lógica igual ocurre con la metafísica. Por eso Wesley le pregunta al clero:

> ¿Soy un maestro aceptable de las ciencias? ¿He pasado por su puerta, que es la lógica? Si no, lo más seguro es que no vaya mucho más lejos, y tropiece en el umbral. ¿La entiendo para hacer siempre el mejor uso de ella? ¿Para poder utilizarla siempre? ¿Para aplicar cada una de sus reglas, en el momento oportuno, de forma casi tan natural como cuando muevo la mano? ¿La entiendo del todo? [...] ¿Puedo pasar de un modo indirecto a uno directo, de un silogismo hipotético a uno categórico? Bien al contrario, ¿no han sido mi estúpida indolencia y mi pereza quienes me han hecho rápidamente creer lo que los listillos y bonitos señoritos dicen, "que la lógica no sirve para nada"? Al menos sirve para esto (entiéndase como se entienda), para que la gente hable menos; enseñándoles lo que es y lo que no es al respecto, y lo extremadamente difícil que es demostrar algo. ¿Entiendo la metafísica? ¿Si no las profundidades de los eruditos, las sutilezas de Escoto o de Aquino, al menos los primeros rudimentos, los principios generales de esa útil ciencia? [35]

Mira además lo que dice Wesley sobre la importancia de la "erudición técnica" en la teología. Insistiendo en la importancia de un conocimiento amplio de las Escrituras cristianas, así como del manejo de los idiomas antiguos importantes, pregunta:

> ¿Tengo yo, (1) el conocimiento de las Escrituras que debe tener quien se compromete a explicarlas a los demás? [...] ¿Tengo una visión clara y completa de la analogía de la fe que es el rastro que me guía a lo largo de toda ella? ¿Conozco bien las varias partes de las Escrituras, todas las del Antiguo Testamento y las del Nuevo? Al citar algún texto, ¿conozco su contexto y sus paralelos? [...] ¿Conozco globalmente cada libro y el lugar que corresponde a cada una de sus secciones? ¿Tengo la capacidad de captar lo que de manera natural se infiere de cada texto? (2) ¿Entiendo griego y hebreo? Si no es así… ¿acaso no estoy a merced de todos los que entienden o pretenden entender el original? ¿De qué manera puedo refutar sus pretensiones? ¿Entiendo el lenguaje del Antiguo Testamento? ¿En forma crítica? ¿Del todo? ¿Puedo pasar al inglés alguno de los Salmos de David? ¿O incluso el primer capítulo de Génesis? ¿Entiendo el lenguaje del Nuevo Testamento? ¿Lo domino de manera crítica? ¿Lo conozco bastante como para pasar al inglés el

---

33. John Wesley, "Address to the Clergy," en *The Works of John Wesley*, vol. 10, *Letters, Essays, Dialogs, and Addresses* (Grand Rapids: Zondervan, n.d.), p. 483.

34. *Ibíd.*

35. *Ibíd.*, pp. 491-92.

primer capítulo de San Lucas? Si no soy capaz, ¿cuántos años pasé en la escuela? ¿Cuántos en la universidad? ¿Qué estuve haciendo todos esos años? [36]

Wesley dice cosas semejantes sobre lo indispensable que es conocer la tradición cristiana. Pero el asunto fundamental tiene que quedar claro: hay elementos importantes de lo que ahora llamamos "teología analítica" que están bien enraizados en la amplia tradición teológica cristiana. De hecho, para un evangelista como John Wesley, es simplemente el tipo de teología que debería hacer cualquier ministro cristiano.

III. LO QUE LA TEOLOGÍA ANALÍTICA NO ES: MALENTENDIDOS Y OBJECIONES

Muchos teólogos sistemáticos desconfían de la teología analítica. De hecho, algunos desconfían *mucho*. Las dudas provienen de varios ángulos. A continuación menciono algunas de los más comunes.[37]

"La teología analítica se basa en una expresión unívoca del lenguaje religioso". A algunos teólogos les inquieta que los debates analíticos actuales aborden con una ingenuidad poco realista y malsana la naturaleza y la función del lenguaje religioso. Por ejemplo, Stephen R. Holmes piensa que "los debates analíticos sobre la Trinidad que se refieren a lo divino parecen en general proceder con una confianza notable en la capacidad del lenguaje". Cree que la teología analítica presupone "siempre que el lenguaje parece referirse de manera unívoca a lo divino y a lo creado". En realidad, cree que la teología analítica sería "imposible" sin un compromiso con la univocidad.[38] Lo que es más preocupante aún es que el problema puede ser que el compromiso de la teología analítica con la univocidad tenga implicaciones idolátricas, aunque solo sean potenciales.[39]

Ocuparnos de manera general del lenguaje religioso supera el alcance de nuestro debate, pero hay algunas observaciones que pueden ser oportunas. Primero, hay que señalar que no hay que dar por bueno el juicio *contra* la univocidad sin más (como si alguna propuesta teológica cualquiera pudiera ser condenada

---

36. *Ibíd.*, pp. 490-91.

37. Esta parte procede en buena medida de mi trabajo, "Theologians, Philosophers, and the Doctrine of the Trinity," en McCall and Rea, *Philosophical and Theological Essays on the Trinity*, pp. 340-48.

38. Stephen R. Holmes, *The Quest for the Trinity: The Doctrine of God in Scripture, History, and Modernity* (Downers Grove, IL: IVP Academic, 2012), p. 3

39. Ver p.ej., Jean-Luc Marion, *God Without Being*, trad. ing. Thomas A Carlson (Chicago: University of Chicago Press, 1991); y John Milbank, *The Word Made Strange* (Oxford: Blackwell, 1997). Ver también el debate en Daniel P. Horan, *Postmodernity and Univocity: A Critical Account of Radical Orthodoxy and John Duns Scotus* (Minneapolis: Fortress, 2014).

simplemente por estar acusada de univocidad). Tampoco la campaña *a favor* de la univocidad es tan débil como se suele suponer. Por el contrario, la univocidad tiene defensores serios y reputados hoy, y es defendible que "la doctrina de la univocidad es verdadera y sana".[40]

El segundo punto importante lo es quizás más para nuestros propósitos. Es el siguiente: la teología analítica como tal en absoluto tiene por qué estar comprometida con la univocidad. De hecho, muchos teólogos analíticos rechazan la univocidad en favor de otros puntos de vista (muchos están a favor de la doctrina analógica), y al menos un prominente filósofo de la religión defiende el negativismo.[41] Puede que de manera general sea cierto el sentir de que los teólogos analíticos son ingenuos con respecto al lenguaje religioso. *Quizás* lo sean, aunque lo dudo mucho. Pero incluso siendo cierto, es obvio que tal cosa no haría que la teología analítica fuera diferente o inferior a muchas otras maneras de abordar la labor teológica. Tal preocupación, incluso estando fundamentada, no sería razón alguna para rehuir o rechazar la teología analítica. Podría conseguir que quisiéramos hacerlo mejor; podría motivar a los teólogos analíticos a prestar más atención a temas importantes relacionados con el lenguaje teológico. Pero la preocupación en sí misma, incluso estando fundamentada, no basta para contradecir el ejercicio adecuado de la teología analítica. En el mejor de los casos no es más que un señuelo.

"La teología analítica es un ejercicio de teología natural". Hay críticos que acusan a la teología analítica de depender de la "teología natural". A otros teólogos, esta observación les parecerá indulgente; algunos teólogos analíticos podrían incluso tomarse este juicio como un honor. Pero para aquellos teólogos cercanos al linaje de Karl Barth, esta será una señal de condenación: hay quienes consideran que la teología natural es "una invención del Anticristo", que solo puede servir para fortalecer la idolatría y corromper la verdad.[42] Otros teólogos no son tan hostiles, pero aun así les preocupa que la teología natural nos distraiga de la obediencia y la fidelidad a la realidad de la revelación divina. Así que, si la teología analítica es un ejercicio de teología natural, o incluso se basa en ella, hay que mantenerla a cierta distancia, si no se la rechaza por completo.

---

40. Thomas Williams, "The Doctrine of Univocity Is True and Salutary," *Modern Theology* 21 (2005): 575-85. Ver también William P. Alston, *Divine Nature and Human Language: Essays in Philosophical Theology* (Ithaca, NY: Cornell University Press, 1989), pp. 17-117; y Keith E. Yandell, "Not Confusing Incomprehensibility and Ineffability: Carl Henry on Literal Propositional Revelation," *Trinity Journal* (2014): 61-74.

41. P.ej., Jonathan D. Jacobs, "The Ineffable, Inconceivable, and Incomprehensible God: Fundamentality and Apophatic Theology," en *Oxford Studies in Philosophy of Religion*, forthcoming.

42. Más exactamente, Barth dice que la *analogia entis* (que los intérpretes suelen considerar la base de toda teología natural) es un "invento del Anticristo", *Doctrine of the Word of God*, p. 13.

Mucho se puede decir acerca de estos temas, y lo haremos en el próximo capítulo, pero en este momento es necesario aclarar una confusión básica. Fundamentalmente, pensar que la teología analítica es simplemente un ejercicio de teología natural es no entenderla. Seguro, hay teólogos analíticos prolíficos muy comprometidos con el proyecto de la teología natural, y podemos decir sin miedo a equivocarnos que los rumores sobre la desaparición de la teología natural han sido muy exagerados.[43] Pero, como he explicado hasta aquí, no hay nada en la teología analítica como tal que se base en la teología natural. La confusión de la teología natural con el proyecto analítico es solo eso: una confusión. *Filosóficamente,* independientemente de lo que pensemos sobre la teología natural, sea cual sea nuestra manera de ver los éxitos (o los fracasos) de los diversos argumentos teístas, simplemente, la teología natural no puede equipararse a la teología analítica. Y cualquiera que sea nuestra conclusión *teológica* acerca de la teología natural, no debemos confundirla con el proyecto analítico. Una vez más, se trata de un señuelo.

"La teología analítica es simplista con respecto a la historia del dogma". Otra inquietud que manifiestan algunos teólogos sistemáticos actuales es la siguiente: la teología analítica es con frecuencia poco consciente de los complejos, pero importantes, factores históricos asociados con el desarrollo y la formación de la doctrina cristiana. Restándole importancia al asunto, a los teólogos analíticos se les achaca a veces ignorar la historia del desarrollo del dogma y de carecer de estudios suficientes para comprender el entorno intelectual –y no digamos social– concreto de la(s) persona(s), controversias o eras bajo consideración. En vez de eso –así son las cosas– es muy normal que los teólogos analíticos traten un tema aislando un texto en particular y luego desmenuzándolo para desentrañar el verdadero "meollo" de la doctrina en cuestión. Y la premisa de los teólogos analíticos –así son las cosas, una vez más– es que esto suele bastar para considerar que el resultado es seguro o correcto, sin mucha o ninguna referencia al contexto concreto del estudio en cuestión. Así expresa Fred Sanders su inquietud: "A veces, los filósofos parecen pensar que los textos antiguos son tratados engorrosos que contienen ideas que ellos tienen que extraer para hacer algo con ellas".[44] Richard A. Muller también argumenta que no prestar atención al contexto histórico a veces lleva al problema de no entender la tradición; cree, por ejemplo, que tanto los recientes defensores como los detractores actuales de la doctrina de

---

43. P.ej., Richard Swinburne, *The Coherence of Theism* (Oxford: Oxford University Press, 1977); y Swinburne, *The Existence of God* (Oxford: Oxford University Press, 1979 [2004]). Como ejemplos de obras más reciente ver Moreland y Craig, *Blackwell Companion to Natural Theology*; y James F. Sennett y Douglas Groothuis, eds., *In Defense of Natural Theology: A Post-Humean Assessment* (Downers Grove, IL: IVP Academic, 2005).

44. Fred Sanders, "The State of the Doctrine of the Trinity in Evangelical Theology," *Southwestern Journal of Theology* 47 (2005): 169

la simplicidad divina normalmente "interpretan mal la doctrina tradicional".[45] Robert W. Jenson es más agresivo: juzga que "la relación del movimiento analítico con la fe cristiana que dice defender es algo rara" y llama a la obra de Richard Swinburne un "asunto realmente extraño".[46]

Así es, al menos, como suelen estar las cosas. Una de las principales inquietudes subyacentes parece ser que la lectura de textos sin la debida atención a su situación social y contexto intelectual, puede llevarnos a no entenderlos o a que los interpretemos mal. Me parece una preocupación legítima, y los teólogos analíticos harían bien en prestarle oídos y atención. No se puede negar que es posible entender e interpretar mal textos históricos importantes, y me parece que tal cosa es mucho más probable cuando se aíslan fragmentos específicos del texto y se analizan fuera de sus contextos literarios e históricos más amplios. La tentación de no mirar el contexto considerándolo una distracción irrelevante es real. También hay que luchar contra ella. Por eso, la crítica es una llamada de atención importante.

Al mismo tiempo, sin embargo, debemos tener en cuenta varios puntos más. En primer lugar, el problema no se limita a los teólogos analíticos: los teólogos constructivos o sistemáticos de cualquier clase pueden caer en esta tentación. De hecho, la paradoja abunda en este frente. Después de atacar a los filósofos analíticos de la religión por pasar por alto "el carácter esencialmente histórico de la teología trinitaria", y especialmente por no entender las importantes diferencias que hay entre "los orientales griegos (o 'capadocios') y los 'occidentales latinos'", la propia obra de Catherine Mowry LaCugna ha sido criticada por *exagerar* las diferencias.[47] No es que los teólogos más tradicionales, no analíticos o antianalíticos, sean inmunes a tal tentación, al contrario, hasta donde puedo ver, es una inquietud general que ha de servir como recordatorio importante de que todos los teólogos que se ocupan de la tradición intelectual cristiana deben hacerlo con una sensibilidad histórica adecuada. En segundo lugar, no hay nada, al menos hasta donde me alcanza la vista, que indique que no nos podemos oponer a esta tentación. El hecho de que algunos teólogos analíticos no hayan prestado suficiente atención a algunos asuntos históricos tampoco implica que todos los teólogos analíticos ignoren la tradición o que todos los teólogos analíticos actúen ignorantemente. No veo ninguna razón para concluir que este problema sea propio o endémico

---

45. Richard A. Muller, *Post-Reformation Reformed Dogmatics: The Rise and Development of Reformed Orthodoxy, ca. 1520–ca. 1725*, vol. 3, *The Divine Essence and Attributes* (Grand Rapids: Baker Academic, 2003), p. 41.

46. Robert W. Jenson, *Systematic Theology*, vol. 2, *The Works of God* (Oxford: Oxford University Press, 1999), p. 8 n. 35.

47. Catherine Mowry LaCugna, "Philosophers and Theologians on the Trinity," *Modern Theology* 2 (1986): 172.

de la teología analítica. Seguramente se puede avanzar más en esta área, pero no veo razones para pensar que tal progreso no pueda ocurrir. Por último, vale la pena señalar que tal progreso, de hecho, *se está* produciendo. Hay muchas buenas excepciones al cliché común de que los teólogos analíticos viven "ajenos a la historia"; de hecho, podemos decir que muchos excelentes pensadores analíticos están realmente especializados en los conocimientos históricos. En realidad, muchos de ellos son investigadores de vanguardia.[48]

"*Para la teología conservadora la teología analítica no es más que apologética*". Sin embargo, la sospecha más bien es que la teología analítica esté demasiado vinculada a la tradición cristiana. Lo que se supone aquí es que la teología analítica no es más que el bastión de teólogos y filósofos católicos romanos (y ortodoxos) de mentalidad tradicional junto con sus amigos protestantes conservadores, y lo que preocupa es que no les interesa otra cosa que no sea encontrar un espacio seguro para defender lo que ellos ya conocen como verdad. En consecuencia, se mantiene la inquietud; a los teólogos revisionistas de diversas tendencias apenas les interesa realmente nada del asunto, y que poco se puede esperar en cuanto a una teología genuinamente constructiva.

Hay dos observaciones importantes que hacer al respecto. La primera, en principio, es que no hay nada de la teología analítica que reclame las simpatías de los tradicionales ni las conclusiones de los conservadores. Ni tampoco hay nada en la teología analítica (sea siguiendo los puntos P1-P5 de Rea o de manera algo más amplia) que impida el uso de recursos analíticos por parte de teologías feministas, de igualdad de la mujer o liberacionistas, por ejemplo.

Segundo, en realidad, muchas de las críticas a las doctrinas tradicionales han surgido de la teología analítica. Por ejemplo: es difícil encontrar una doctrina que sea más tradicional o que forme más parte del tejido de la teología cristiana histórica que la doctrina de la simplicidad divina. Sin embargo, esta venerable doctrina ha sufrido intensas críticas de los teólogos analíticos durante los últimos decenios. La obra de Alvin Plantinga, *Does God Have a Nature?* (¿Tiene Dios una naturaleza?) planteó "dos dificultades" a la doctrina, "una sustancial y otra realmente monumental".[49] Argumenta que, si Dios es idéntico a cada uno de sus atributos, entonces Dios solo tiene un atributo. Pero esto "parece totalmente

---

48. Grandes ejemplos de ello son Richard Cross, *Duns Scotus on God* (Aldershot, UK: Ashgate, 2005); Cross, *The Metaphysics of the Incarnation: Thomas Aquinas to Duns Scotus* (Oxford: Oxford University Press, 2002); Eleonore Stump, *Aquinas* (New York: Routledge, 2003); Jeffrey E. Brower, *Aquinas's Ontology of the Material World: Change, Hylomorphism, and Material Objects* (Oxford: Oxford University Press, 2014); y J. T. Paasch, *Divine Production in Late Medieval Trinitarian Theology: Henry of Ghent, Duns Scotus, and William Ockham* (Oxford: Oxford University Press, 2012).

49. Alvin Plantinga, *Does God Have a Nature?* (Milwaukee: Marquette University Press, 1980), p. 47.

incompatible con el hecho obvio de que Dios posee varios atributos".[50] Además, sigue argumentando que, si Dios es idéntico a cada uno de sus atributos, entonces Dios también es un atributo. "Este punto de vista está sujeto a una dificultad obvia y a la vez abrumadora [...] porque si Dios es un atributo, entonces no es una persona, sino algo meramente abstracto".[51] Muchos teólogos analíticos han sumado sus críticas a las de Plantinga, y es obvio que esta doctrina, tan intensamente integrada en el entramado de la doctrina cristiana tradicional, está siendo combatida por la teología analítica. Podríamos añadir muchos más ejemplos (caso sobresaliente es el de la doctrina tradicional de la omnisciencia divina). Hay, por supuesto, muchos defensores destacados de la ortodoxia clásica dentro de la teología analítica, pero lo que debe quedar claro es que reducir la teología analítica a una apologética de la doctrina tradicional es simplemente erróneo.

Como quedará claro en las siguientes páginas, creo que hay mucho que ganar con la labor de la "teología de recuperación" y la veo como interlocutor natural y compatriota de la teología analítica. Me gustaría fomentar que se trabaje más en la intersección de la teología analítica y las teologías de recuperación, pero no hay nada en la teología analítica como tal que le exija adherirse a la teología cristiana clásica.

"La teología analítica se basa en la «metafísica de la sustancia»". Muchas veces, los teólogos desconfían de la teología analítica por su supuesta dependencia de la metafísica de la sustancia. Esta reclamación puede tomar varias formas. A veces se dice que todo el programa analítico es "pre-kantiano" (como en la crítica que Kenneth Surin hace de la obra de David Brown diciendo que está "muy pasada de moda" y que es "pre-kantiana").[52] Es decir, los críticos se quejan de que la teología analítica avanza ignorando alegre, y quizás voluntariamente, el "hecho" de que Kant socavó todo el programa destruyendo la posibilidad misma de llevarlo a cabo. Hay dos afirmaciones importantes que parecen conjugarse con esta crítica: la primera, que Kant hizo algo que hace imposible la teología analítica; y la segunda, que los teólogos analíticos desconocen lo que hizo Kant. Pero las dos afirmaciones plantean problemas. La segunda es simplemente equivocada, y muchos son los que contradicen con fuerza la primera. Como apunta Nicholas Wolterstorff, es mucho más probable que la generación actual de teólogos analíticos sea más "post-kantiana" que "pre-kantiana". Como él dice, "en realidad uno puede ser post-kantiano. Podemos recuperarnos de Kant. Las posibilidades no se agotan siendo pre-kantiano de modo simplista, por un lado, o siendo un

---

50. *Ibíd.*

51. *Ibíd.*

52. Kenneth Surin, "The Trinity and Philosophical Reflection: A Study of David Brown's *The Divine Trinity*," *Modern Theology* 2 (1986): 239-40.

kantiano de uno u otro tipo, por el otro".[53] Hay, argumenta Wolterstorff, filósofos que son plenamente conscientes del "universalismo interpretativo kantiano a la vez que son plenamente conscientes del anti-realismo metafísico (kantiano); pero que después de analizarlo seriamente, han rechazado estas opciones por ser insostenibles".[54] Muchos teólogos analíticos conocen muy bien la obra de Kant (y las muchas cosas que se dicen sobre su obra), pero no creen que él haya hecho nada para derribar el tipo de trabajo que ellos están realizando. Como lo expresa Plantinga, "lo *han* leído, pero siguen sin estar convencidos".[55]

Pero, independientemente de Kant, la teología analítica es a veces criticada y rechazada por ser dependiente de la "metafísica de la sustancia". Por desgracia, lo que los teólogos críticos tienen exactamente en su punto de mira cuando hablan de metafísica de la sustancia suele carecer de claridad y de definición precisa. Con frecuencia, la queja tiene mucho que ver con el rechazo de doctrinas relacionadas con el "teísmo clásico"; la inmutabilidad, la impasibilidad, la atemporalidad y otras doctrinas consideradas insostenibles y que, al estar ligadas a la metafísica de la sustancia, pues tanto peor para la metafísica de la sustancia. William P. Alston ha analizado hábilmente esta queja argumentando que la metafísica de la sustancia no tiene nada que ver. Lo que él dice sobre la metafísica de la sustancia en los debates acerca de la doctrina de la Trinidad tiene una aplicación más amplia: "cuando entendamos lo que incluye, y lo que no incluye necesariamente la metafísica de la sustancia, veremos que la mayoría de las objeciones del siglo XX a la utilización de la metafísica de la sustancia [...] se basan en características de sus formulaciones que la metafísica de la sustancia como tal no necesita".[56] Quizás sea intrínsecamente equivocado utilizar la metafísica de la sustancia en teología, y puede que eso perjudique a la teología analítica. Pero antes de poder emitir un juicio así hacen falta más que generalidades y aseveraciones demasiado gastadas. Porque antes de llegar a la conclusión de que la teología analítica está viciada de raíz debido a su dependencia de la metafísica de la sustancia, tenemos que saber exactamente qué se entiende por metafísica de la sustancia, y se nos debe mostrar *dónde* está el error en lo que respecta a la metafísica de la sustancia

---

53. Nicholas Wolterstorff, "Between the Pincers of Increased Diversity and Supposed Irrationality," en *God, Philosophy, and Academic Culture: A Discussion Between Scholars in the AAR and APA*, ed. William J. Wainwright (Atlanta: Scholars Press, 1996), p. 20. Ver también Wolterstorff, "Is It Possible and Desirable for Theologians to Recover from Kant?," *Modern Theology* 14 (1998): 1-18.

54. Wolterstorff, "Between the Pincers," p. 20.

55. Alvin Plantinga, *Warranted Christian Belief* (Oxford: Oxford University Press, 2000), p. 30.

56. William P. Alston, "Substance and the Trinity," in *The Trinity: An Interdisciplinary Symposium on the Trinity,* ed. Stephen T. Davis, Daniel Kendall, SJ, y Gerald O'Collins, SJ (Oxford: Oxford University Press, 1999), p. 201.

(ya sea filosófica o teológicamente) y estar seguros de que la teología analítica realmente está –o tiene que estar– comprometida con este tipo de metafísica. Sin un análisis cuidadoso y una argumentación rigurosa, es difícil ver algo aquí que pueda considerarse una objeción poderosa contra la teología analítica.

"La teología analítica no edifica espiritualmente". William Wood dice que "muchos teólogos convencionales siguen sintiendo una profunda desconfianza de la teología analítica" preocupados porque la teología analítica no es espiritualmente edificante. Según ven las cosas estos teólogos, "la verdadera teología es, en primer lugar, práctica: no se trata de elaborar teorías explicativas acerca de Dios, sino de fomentar un mayor amor a Dios y al prójimo. La verdadera teología, en resumen, es *praxis*, profundamente entretejida con una vida cristiana de oración, de virtud y de participación en los sacramentos".[57] El problema básico es que, cuando los teólogos tradicionales consideran la teología analítica, no son capaces de reconocer en ella el tipo de teología práctica que ellos valoran. En vez de eso ven supuestas teorías explicativas -*meras* teorías supuestamente explicativas. Algunas veces estas explicaciones parecen estar bien lejos de una vida de fe. De hecho, ven fórmulas como estas (escogidas casi al azar entre muchas otras):

P: $\exists x$ (Dx & $\forall y$ (Dy => Byx) & x nos hizo;

Q: $\exists x$ (Dx & $\forall y$ (Dy => Byx)).[58]

Para algunos teólogos esto no es en absoluto teología. Y si acaso están dispuestos a reconocer que es teología, suelen inquietarse porque no ven que sea el tipo de teología que fomenta el amor a Dios y al prójimo; les preocupa no ver que sea una teología que tenga que ver con la vida de fe. Como dice Wood, les preocupa que "la teología analítica sea espiritualmente estéril y que, por tanto, no sea en realidad una forma de verdadera teología".[59]

Creo que esta crítica es importante y plantea algunas cuestiones muy interesantes. Pero como Wood también señala, sería un "error, y además una fatuidad, suponer que la teología filosófica analítica no pueda ser, en principio, espiritualmente edificante".[60] Hay que destacar tres puntos. Primero, es importante reconocer que la tentación de construir teorías explicativas sobre Dios divorciadas

---

57. William Wood, "Analytic Theology as a Way of Life," *Journal of Analytic Theology* (2014): 44.

58. Peter van Inwagen, "And Yet They Are Not Three Gods but One God," en McCall y Rea, *Philosophical and Theological Essays on the Trinity,* pp. 241, 246.

59. Wood, "Analytic Theology as a Way of Life," p. 44. Ver también, Marilyn McCord Adams, "What's Wrong with the Ontotheological Error?" *Journal of Analytic Theology* (2014): 1-12.

60. Wood, "Analytic Theology as a Way of Life," p. 46.

de la adoración, y el cambio de vida, existe, y es real y nefasto.[61] La tentación acosa a los teólogos de todas las tendencias, sean analíticos o no. No creo que los teólogos analíticos sean los únicos teólogos que se enfrentan a esta tentación. Por el contrario, la idolatría no respeta ideologías. Pero se la puede vencer, –por la gracia de Dios– se le puede oponer resistencia.

Como Wood nos recuerda, "después de todo, el amor de Dios también llueve sobre los lógicos".[62] En segundo lugar, hay una buena razón para pensar que la teología analítica puede, al contrario de lo que normalmente se espera, resultar espiritualmente edificante. Wood sostiene que la teología analítica puede beneficiar espiritualmente de varias maneras. Explica que la "concentración mental requerida para leer, comprender y desarrollar argumentos analíticos muy técnicos" puede conducir a un tipo de virtudes intelectuales y hábitos mentales espiritualmente beneficiosos.[63] Además, señala que la "transparencia argumental" (lo que él denomina "virtud analítica paradigmática") puede servir a la formación espiritual.[64] Wood admite sin reparos que esta tendencia hacia el rigor argumental también puede alimentar una forma de orgullo o incluso de "violencia intelectual", pero también dice que elaborar un "buen argumento analítico es hacer este argumento lo más fácil posible para que sus opositores intelectuales lo critiquen o refuten", y esta misma transparencia hace que sea mucho más difícil protegerse de las críticas, pero que, en contrapartida, es una forma de "volverse uno mismo intelectualmente vulnerable". De este modo sirve de "control contra el orgullo intelectual".[65] Además, el ritmo exigido por tal rigor y la modestia de las afirmaciones que se presentan de manera defendible, tienen el potencial de cultivar la humildad epistémica. Además, otra característica importante del procedimiento analítico es la necesidad de "identificarse mentalmente con los adversarios intelectuales". Esto también, como señala Wood, nos obliga a vivir una cosmovisión que no solo es ajena a la nuestra, sino que, a veces, también es hostil. De esta manera, argumenta Wood, "la teología analítica puede convertirse en una práctica espiritual: un modo de buscar a Dios y de adiestrar la mente y la voluntad a estar abiertos a la gracia".[66]

Por último, no podemos obviar aquellos brillantes ejemplos de teólogos para los que la teología analítica está estrechamente relacionada con la adoración y la edificación espiritual. En realidad, es difícil no tenerlos en cuenta pues la

---

61. Ver las llamadas de atención que hace Merold Westphal, *Suspicion and Faith: The Religious Uses of Modern Atheism* (New York: Fordham University Press, 1998).

62. Wood, "Analytic Theology as a Way of Life," p. 47.

63. *Ibíd.*, p. 55.

64. *Ibíd.*, p.56.

65. *Ibíd.*

66. *Ibíd.*, p. 58.

tradición está llena de teólogos así. Muchos teólogos de entre los Padres y los escolásticos (medievales o modernos) son considerados "teólogos analíticos". Porque seguramente se ajustan a nuestro perfil de teólogos que valoran la "precisión conceptual, el rigor argumental, la erudición técnica y la defensa radical de una cosmovisión original" (y quienes, en muchos casos, valorarían P1-P5). Como ejemplo pensemos en el *Proslogion* de Anselmo. Es obvio que Anselmo valora la precisión y el rigor, y claramente intenta transmitir verdades que él entiende que son convincentes. Pero como señalan tanto Wood como Marilyn McCord Adams, esta obra "no solo pretende comunicar verdades proposicionales" ya que "su fin es ayudar a reorientar la voluntad de sus lectores, y ayudarles a lograr que esta cambie de manera efectiva y por decisión propia".[67] A pesar de las diferencias importantes de estilo y contenido, también podríamos decir lo mismo de muchas otras figuras (conocidas o no tanto): es difícil leer a Buenaventura, Ricardo de San Víctor, Aquino, Scoto, Vermigli, Perkins, Arminio, Turretino, Edwards, Wesley y otros muchos sin percatarse de que están a la vez claramente preocupados por el rigor intelectual y por la edificación espiritual.

---

67. *Ibíd.*, p. 50. Ver también Marilyn McCord Adams, "Praying the Proslogion," en *The Rationality of Belief and the Plurality of Faith*, ed. Thomas Senor (Ithaca, NY: Cornell University Press, 1995), pp. 13-39; y Adams, "Elegant Necessity, Prayerful Disputation: Method in *Cur Deus Homo*," en *Studia Anselmiana: Cur Deus Homo* (Roma: 1999), pp. 367-9.

Capítulo 2

LA TEOLOGÍA ANALÍTICA Y LAS ESCRITURAS CRISTIANAS

Oíd, pues, mi último consejo que os doy: ¡exégesis, exégesis, y más exégesis! Sed fieles a la Palabra, a las Escrituras que nos han sido entregadas.

KARL BARTH[68]

¿Qué tiene que ver Atenas con Jerusalén? ¿Qué tiene que ver el análisis modal con la exégesis bíblica? ¿Qué tiene que ver la Biblia con la teología filosófica? En este capítulo trato de aclarar más la relación entre la teología analítica y el estudio de la Biblia como Escritura cristiana. En primer lugar, me ocuparé del papel y la función del análisis teológico como respuesta a la revelación. Tras señalar lo que parece ser un gran abismo entre la teología analítica y los estudios bíblicos, aclararé algunos conceptos erróneos sobre la "teología natural" y la "teología del ser perfecto". En segundo lugar, hablaremos de la relación que existe entre la teología analítica y las reivindicaciones de "autoridad" de la teología bíblica. En tercer lugar, a través de un interesante estudio casuístico, demostraré cómo la teología bíblica y la teología analítica pueden ser no solo complementarias sino también mutuamente enriquecedoras. A lo largo de todo el capítulo avanzaremos convencidos de que la teología analítica, como teología cristiana que es, puede ser fiel a las Escrituras y estar comprometida con la erudición bíblica.

---

68. Karl Barth, en Eberhard Busch, *Karl Barth: His Life from Letters and Autobiographical Texts* (Philadelphia: Fortress, 1976), p. 259.

I. LA TEOLOGÍA ANALÍTICA Y LA RESPUESTA A LA REVELACIÓN

Análisis filosófico y exégesis bíblica: la distancia inicial. A la teología analítica se la considera a veces como el exponente máximo de "teología de salón". Algunos teólogos albergan profundas sospechas de que son solo palabras de un discurso elevado e impenetrable sobre Dios y el mundo que ha sido simplemente bien construido. Es decir, les inquieta que los teólogos pasen por alto, e ignoren de hecho, la propia revelación de Dios hecha real de modo definitivo en la encarnación de su santo Hijo y de manera confiable en la Biblia en tanto que Sagrada Escritura. Cambiando el glorioso regalo de la revelación divina por la confusión de sus propias reflexiones teológicas apriorísticas, lo mejor que pueden hacer es enredarse en sus propias dudas y devaneos. Llegan a cometer idolatría conceptual.

A veces las sospechas están bien fundadas. Consideremos la declaración de J.L. Tomkinson al ser contradicho con objeciones bíblicas a su visión de Dios y el tiempo: lo que la Biblia dice es simplemente "irrelevante en lo referente a cuestiones filosóficas".[69] Continúa insistiendo en que, en caso de conflicto entre las conclusiones de la teología filosófica y las afirmaciones de la revelación, "el problema [...] siempre debe, en lo que se refiere a la teología filosófica, residir en quienes defienden la revelación en cuestión". Porque si la teología filosófica "conduce a una conclusión que parece chocar con la revelación, la primera puede reclamar ser conforme a la razón" y la teología revelada no.[70] Por tanto, en caso de conflicto entre las afirmaciones de la teología filosófica y lo producido por la teología revelada, la realidad es que no hay competencia: a la "razón" se la presume victoriosa sobre la "revelación". Se puede hablar mucho sobre el punto de vista de Tomkinson, pero si no está nada claro que tenga razón hay buenas razones para pensar que está equivocado. Como argumenta Thomas F. Torrance, la marca de racionalidad genuina en cualquier tipo de investigación científica válida es permitir que nuestra manera de abordar cualquier tema sea moldeada una y otra vez por la realidad misma.[71] Si Torrance está en lo cierto, entonces tenemos buenas

---

69. J. L. Tomkinson, "Divine Sempiternity and A-temporality," *Religious Studies* (1982): 177, citado por Thomas V. Morris, *Anselmian Explorations: Essays in Philosophical Theology* (Notre Dame, IN: University of Notre Dame Press, 1987), p. 2.

70. Tomkinson, "Divine Sempiternity," pp. 186-87, citado por Morris, *Anselmian Explorations,* pp. 2-3.

71. Torrance dice esto a lo largo de toda su obra, pero sobre todo: Thomas F. Torrance, *Theological Science (Edinburgh: T & T Clark, 1969).*Ver también, Tom McCall, "Ronald Thiemann, Thomas Torrance, and Epistemological Doctrines of Revelation," *International Journal of Systematic Theology (2004): 148-68.*

razones para desconfiar de lo que dice Tomkinson.[72] Porque si tenemos buenas razones para pensar que Dios se ha revelado a sí mismo (para el cristiano, sobre todo, al encarnarse el Hijo como Jesucristo, y de modo fiable, en las Sagradas Escrituras), entonces tenemos muy buenas razones para dejar que esa revelación corrija nuestras ideas *a priori* del ser y las acciones de Dios.

Afortunadamente, sin embargo, la opinión de Tomkinson no representa en absoluto a la gran mayoría de los teólogos analíticos cristianos. De hecho, parece seguro y es importante señalar, su opinión es lo suficientemente rara como para que sirva más de caricatura que de descripción precisa de la teología analítica cristiana. Con todo, sin embargo, hay importantes diferencias disciplinarias entre las obras realizadas por los eruditos bíblicos y las obras de los teólogos filosóficos. Y más allá de las diferencias subsisten cuestiones acerca de la relación de la teología analítica con los estudios bíblicos histórico-críticos y la teología bíblica.

¿Teología natural o teología revelada? ¿Es la teología analítica solo una forma de lo que se llama "teología natural"? Y si es así, ¿no es entonces intrínseca y diametralmente lo contrario de la teología revelada? ¿Y qué *es* la teología natural?

La oposición teológica a la teología natural es general y bien conocida. Como Plantinga indica en su discusión sobre la objeción reformada a la teología natural, mientras que "algunos pensadores reformados [...] respaldan las pruebas teístas", mayoritariamente "la actitud reformada ha variado entre el respaldo tibio, la indiferencia, la desconfianza, la hostilidad y la acusación directa de blasfemia".[73] El ¡*Nein!* de Karl Barth! en el debate con Emil Brunner es famoso, y sus ecos han seguido resonando bien en el siglo siguiente. Si bien muchos teólogos actuales (incluidos algunos revisionistas, también protestantes tradicionales, y muchos eruditos católicos y ortodoxos) no comparten los compromisos "barthianos" con el método teológico o simplemente rechazan cualquier actividad teológica considerada contraria a los condicionamientos de Barth, muchos de ellos simpatizan con los puntos de vista de Barth y comparten sus inquietudes respecto de la teología

---

72. Aunque va más allá del alcance de este debate, la obra de "Epistemología reformada" es importante aquí. Ver Alvin Plantinga, *Warranted Christian Belief* (Oxford: Oxford University Press, 2000); and Kevin Diller, con prólogo de Alvin Plantinga, *Theology's Epistemological Dilemma: How Karl Barth and Alvin Plantinga Provide a Unified Response* (Downers Grove, IL: IVP Academic, 2014).

73. Alvin Plantinga, "Reason and Belief in God," en *Faith and Rationality: Reason and Belief in God*, ed. Alvin Plantinga y Nicholas Wolterstorff (Notre Dame, IN: University of Notre Dame Press, 1983), p. 63. Para una más matizada perspectiva de cómo entendían los escolásticos reformados la relación entre la teología "natural" y la "sobrenatural" (siendo las dos reveladas), ver Richard A. Muller, *Post-Reformation Reformed Dogmatics: The Rise and Development of Reformed Orthodoxy, ca. 1520–ca. 1725*, vol. 1, *Prolegomena to Theology*, 2ª ed. (Grand Rapids: Baker Academic, 2003), pp. 270-310.

natural. Entonces, ¿está la teología analítica comprometida con la teología natural y, por tanto, fuera del alcance de los teólogos seguidores de Barth?

Pero entonces, ¿de qué hablamos, más precisamente, cuando hablamos de "teología natural"? Supongamos que consideramos que la teología natural es simplemente lo que James F. Sennett y Douglas Groothuis describen como "el intento de dar una justificación racional al teísmo utilizando solo las fuentes de información disponibles para cualquier investigador, es decir, los datos de la experiencia empírica y los dictados de la razón humana, [...] una defensa del teísmo sin recurrir a la supuesta revelación especial".[74] En este sentido, la teología natural es lo que Plantinga llama "el intento de probar o demostrar la existencia de Dios".[75] Visto así, "la teología natural" es en realidad un proyecto filosófico; como dicen Sennett y Groothuis, "el término 'teología natural' es en realidad una designación incorrecta. La actividad, así concebida, es un ejercicio de investigación filosófica, no teológica".[76]

Entendiéndolo así, tanto los filósofos como los teólogos han criticado el proyecto de la teología natural. Especialmente desde la obra de David Hume, *Dialogues Concerning Natural Religion* (*Diálogos sobre la Religión natural*) y *An Inquiry Concerning Human Understanding* (*Investigación sobre el entendimiento humano*), los filósofos han debatido acerca de los méritos y deméritos de los distintos argumentos tradicionales sobre la existencia de Dios. Además de debates más extensos, también han discutido los puntos fuertes y los débiles de los propios argumentos de Hume, y en este caso el veredicto parece muy poco favorable a Hume.[77] Pero interpretado así, ¿en qué se relacionan la teología analítica y la teología natural? La respuesta, francamente, es que no hay mucha relación, y no tiene por qué haberla en absoluto. La teología analítica, tal como la he presentado aquí, simplemente no está sujeta a esa clase de ejercicio. Los teólogos analíticos pueden estar interesados en la teología natural, y entender, por ejemplo, que los argumentos cosmológicos o teleológicos son sólidos. Incluso pueden pensar que tal tarea es útil o incluso obligatoria en apologética. O puede que no, creyendo que Barth estaba completamente en lo cierto o incluso que se le subestimaba. La

---

74. James F. Sennett y Douglas Groothuis, introducción a *In Defense of Natural Theology: A Post-Humean Assessment*, ed. James F. Sennett y Douglas Groothuis (Downers Grove, IL: IVP Academic 2005), p. 10.

75. Plantinga, "Reason and Belief in God," p. 63.

76. Sennett y Groothuis, introducción, p. 10 n. 6.

77. Keith E. Yandell concluye que "la idea de que Hume asestó un golpe mortal a la teología natural es pura ficción", "David Hume on Meaning, Verification, and Natural Theology," en Sennett and Groothuis, *In Defense of Natural Theology*, p. 81. Cf. Keith E. Yandell, *Hume's "Inexplicable Mystery": His Views on Religion* (Philadelphia: Temple University Press, 1990); y John Earman, *Hume's Abject Failure: The Argument Against Miracles* (New York: Oxford University Press, 2000).

cuestión es que la teología natural, interpretada así, no es esencial para el proyecto de la teología analítica. Con independencia de sus propios méritos y deméritos filosóficos, y de sus propios puntos fuertes y certezas teológicas, la teología natural simplemente está fuera de lugar. Discutir más sobre ella solo sirve para aumentar la confusión.

Supongamos que consideramos a la teología natural en un sentido parecido, pero algo diferente. Supongamos que la vemos más como el intento de obtener algún conocimiento sobre la naturaleza, el carácter y los actos de Dios, fuera de la revelación especial. Siguiendo esta interpretación, cuando Charles Taliaferro dice que la teología natural es "practicar la reflexión filosófica sobre la existencia y la naturaleza de Dios, con independencia real o aparente de la revelación o Escritura divina", lo que realmente nos interesa aquí es la parte que dice *"y la naturaleza de Dios"*.[78] Es este elemento, este esfuerzo por saber algo sobre la naturaleza de Dios fuera de la revelación de Dios en su palabra encarnada y en su palabra escrita, lo que presenta más problemas para muchos teólogos y da lugar a "desconfianza, hostilidad y acusaciones directas de blasfemia". Para algunos teólogos, lo que describe mejor la relación que hay entre la teología revelada y la teología natural es una pelea de gallos a muerte. Según ellos, nos enfrentamos a las opciones más descarnadas: teología natural o teología revelada y, por tanto, arrogancia e idolatría, o humildad y obediencia. Así pues, si la teología analítica es solo una versión maquillada de la teología natural, pues peor para la teología analítica.

Pero ¿es cierto que la teología analítica es solo una versión maquillada de la teología natural? Y si lo es, ¿por fuerza han de seguirse consecuencias terribles? Como respuesta hay que destacar tres puntos principales. El primero, como indiqué en el capítulo anterior, no hay ninguna razón convincente que nos haga pensar que la teología analítica tiene que estar comprometida con esta clase de teología natural. Si la precisión conceptual, el rigor en la argumentación, la erudición técnica y la defensa radical de una cosmovisión original (ver Smith) son las características de la excelencia analítica, entonces, simplemente, no hay razón alguna para pensar que la única manera de ajustarse a estos requisitos es a través de la teología natural. No hay nada en el "estilo y la aspiración" (ver Rea) de la teología analítica que la comprometa con la teología natural. Un "teólogo analítico barthiano" podría ser tanto teólogo analítico como "teólogo analítico natural".

Sin embargo, no está en absoluto tan claro que el teólogo analítico deba comprometerse con esta posición de Barth. Como ya he dicho antes, una versión barthiana de la teología analítica es posible. Pero no está del todo claro que sea necesaria. Porque, aunque hay una diferencia importante entre la teología "natural" y la "revelada", no es seguro que haya una fuerte divergencia o una división rígida.

78. Charles Taliaferro, "The Project of Natural Theology," en *The Blackwell Companion to Natural Theology*, ed. William Lane Craig and J. P. Moreland (Oxford: Blackwell, 2012), p. 1.

Esta posición barthiana (a la que podemos denominar "barthianismo radical") recalca que toda teología natural es contraria a la teología revelada. Pero como James Barr y otros han demostrado, esto es una exageración y una corrección excesivas. Barr cree que "el absolutismo y la rigidez mostrada" por Barth en el conflicto con Brunner "eran ridículos",[79] y acusa a Barth de confundir garrafalmente asuntos teológicos y políticos (al vincular la "teología natural" tan estrechamente con el nacionalsocialismo), e insiste en que las afirmaciones extravagantes de Barth son "sencillamente disparatadas".[80] "¿Qué ocurre (pregunta Barr), si las mismas Escrituras apoyan, permiten, prueban o de alguna otra manera dependen de la teología natural o de algo perecido?"[81] En tal caso, dice, el argumento barthiano "se derrumba: la palabra de Dios, como confirman las Escrituras, debe *incluir* a la teología natural como parte de la revelación, como su trasfondo, como una implicación de la misma o modo a través del cual se comunica".[82] Barth, replica él, presupone algo que en realidad necesita ser argumentado; Barth asume que la autoridad de la revelación implica la negación de la teología natural. Pero dado que este es el caballo de batalla, esta presuposición necesita ser cuestionada.

Barr inicia después una extensa exposición (especialmente con textos como Hechos 17; Romanos 1–2 y los Salmos 19, 104, y 119) explicando que la Biblia en realidad "implica algo que se parece a la teología natural".[83] Es verdad que las Escrituras nos advierten de los peligros de la idolatría, pero una y otra vez comprobamos que la Biblia no parece en absoluto oponerse a todas las ideas procedentes de la revelación natural. Barth, al menos según lo entiende Barr, trata de enfrentar la teología revelada de la Biblia con la teología natural. Pero, sostiene Barr, la Biblia misma presupone algo parecido a la teología natural y la entreteje con la "teología revelada". Por último, Barr concluye que "el rechazo de Barth a la teología natural nunca se basó realmente en la exégesis bíblica, ni en realidad representaba la tradición protestante, como él mismo, al menos en parte, admitió", sino que, en cambio, se basaba en "tendencias y desarrollos de la teología, la filosofía y la sociedad moderna".[84] Barr está convencido de que su crítica a Barth

79. James Barr, *Biblical Faith and Natural Theology* (Oxford: Clarendon, 1993), p. 19.

80. *Ibíd.*, p. 9.

81. *Ibíd.*, p. 19.

82. *Ibíd.*, p. 20.

83. *Ibíd.*, p. 103.

84. *Ibíd.* Añade además, que "el barthianismo fue una ingeniosa trama de elementos más antiguos, bíblicos o reformados, entremezclados con elementos completamente modernos, novedosos o innovadores. Conceptos totalmente modernos relacionados con el existencialismo, el ateísmo y el idealismo de Hegel, se combinaron hábilmente con la exégesis bíblica y las tesis reformadas", pág. 117.

aquí es absolutamente "demoledora" para "toda la posición teológica de Barth".[85] Tenga razón o no sobre el efecto de su crítica o su alcance demoledor, Barr ha planteado un serio desafío a aquellos teólogos que rechazan la teología natural por considerarla diametral y esencialmente opuesta a la teología revelada.[86] Porque, aparte del tono triunfalista de sus polémicas contra Barth, ha demostrado que uno no puede sencillamente citar a Barth en el conflicto entre la teología natural y la revelada y, de ahí, asumir que la teología natural es errónea e idolátrica.

En realidad, puede que ni Barth, al menos el Barth de la madurez, haya sido un "barthiano radical". Keith L. Johnson sostiene que el desarrollo teológico de Barth, que fue importante, "se produce como una serie de ajustes internos en cuatro etapas a lo largo de una sola trayectoria cristológica".[87] A lo que Barth se opone constantemente es a esa teología natural que permite que "ideas abstractas se introduzcan en la doctrina de Dios, minando la revelación particular de Dios en Cristo y abriendo la puerta precisamente a esa clase de subjetividad humana a la que por tanto tiempo se había opuesto" y que consideraba tan peligrosa.[88] Pero esto no significa que Barth se opusiera a todas las ideas surgidas de la revelación natural; al contrario, Barth está de acuerdo con Aquino en que "Dios se revela en y a través del orden creado y que los teólogos pueden y deben incorporar los conocimientos derivados de esta revelación natural a la teología de la iglesia".[89] A Barth le preocupa profundamente la finitud humana, y aún más al recalcar que la razón humana "está tan torcida por el pecado que el ser humano inevitablemente intenta transformar la revelación recibida en un ídolo".[90] En verdad, el problema es tan grave que "los seres humanos no pueden llegar a un conocimiento preciso de Dios a través de otras fuentes (más allá de la revelación de Dios de sí mismo en Cristo), porque el pecado los ha incapacitado para recibir o interpretar su revelación sin distorsionarla".[91] Con todo, sigue habiendo un lugar adecuado para el conocimiento genuino de Dios a través de la creación. Pero es un conocimiento de Dios claramente *cristológico,* ya que "Jesucristo es determinante no solo para la

---

85. *Ibíd.*, p. 103.

86. Como Mike Rea me ha mostrado, Barr no parece tener bien en cuenta la importancia de la idea de Barth sobre el ocultamiento divino. Tampoco está totalmente claro que Barth base su exposición en la Biblia (más que en la revelación misma).

87. Keith L. Johnson, "A Reappraisal of Karl Barth's Theological Development and His Dialogue with Catholicism," *International Journal of Systematic Theology* (2011): 1.

88. *Ibíd.*, p. 19.

89. Keith L. Johnson, "Natural Revelation in Creation and Covenant," en *Thomas Aquinas and Karl Barth: An Unofficial Catholic-Protestant Dialogue,* ed. Bruce L. McCormack y Thomas Joseph White, OP (Grand Rapids: Eerdmans, 2013), p. 129.

90. *Ibíd.*, p. 142.

91. *Ibíd.*, p. 142.

salvación humana, sino para cualquier conocimiento correcto de Dios"[92]. Así que lo que tenemos del Barth de la madurez, según esta lectura, es una clara versión *supralapsaria* de la teología natural. Puesto que el Dios trino pacta eternamente ser Dios en relación con la creación solo *como Dios encarnado en Cristo,* la naturaleza es "tomada, levantada, asumida e integrada en los actos de Dios que se entrega y se revela a sí mismo [...] y, por tanto, en el mundo creado por él".[93] Por tanto, acerca de lo que podríamos llamar la "teología natural supralapsaria de Barth", hemos de concluir que "el verdadero contenido de la revelación natural es el pacto de gracia de Dios en Jesucristo, ya que el orden creado encuentra su ser y su propósito en el plan eterno de Dios para reconciliar a la humanidad en la persona y obra de Cristo".[94] La creación, por tanto, en verdad da testimonio de la "gloria de Dios" (Sl 19:1). Los no cristianos "pueden decir verdades acerca de Dios", pero "no pueden saber *qué* o *cómo* son esas verdades sin conocer el pacto".[95] Los cristianos, por otro lado, sabemos que esto no es más que *la gloria de Dios-hecho-carne.*

Entonces, para terminar, supongamos que el "barthianismo radical" está en lo cierto; supongamos que la teología natural no es más que una herramienta del diablo para seducir a los teólogos y conducirlos a la idolatría. ¿Cuál es, entonces, la conclusión con respecto a la teología analítica? La conclusión sería la siguiente: que el teólogo analítico debe evitar la teología analítica natural y, en cambio, adherirse a la teología analítica barthiana radical. Nada contradiría la teología analítica en sí misma; el triunfo del barthianismo radical no nos forzaría a evitar la teología analítica. Por otro lado, supongamos que los críticos del barthianismo radical tienen razón, y que la relación entre la teología natural y la teología revelada no es en realidad, después de todo, una lucha a muerte. Entonces, ¿cuál es exactamente la relación entre ambas? Si hay algún espacio legítimo para una teología natural que sea verdaderamente cristiana y se apoye bíblicamente, ¿entonces cuál es el problema? Esto me lleva a hacer mi última observación. Se trata simplemente de lo siguiente: en ese sentido, hay un espacio legítimo para la teología natural, pero el teólogo analítico que también es teólogo natural puede permitir que la teología revelada aclare, corrija o fortalezca las ideas surgidas de la teología natural. La verdad es que, como teólogo *cristiano,* el teólogo analítico no solo *puede,* sino que también *debe* hacer tal cosa.

Teología del ser perfecto y "control revelacional". Este debate sobre la teología natural nos lleva, por un lado, a ver la relación que hay entre lo que a veces se llama "teología del ser perfecto" y la teología analítica, y por otro lado con las Escrituras cristianas. La teología del ser perfecto se toma a veces como

92. *Ibíd.*
93. *Ibíd.,* p. 145.
94. Johnson, "Natural Revelation," p. 153.
95. *Ibíd.,* p. 154.

equivalente o sinónimo de teología analítica. La teología del ser perfecto es muy impopular en algunos sectores teológicos, tanto que, en algunos contextos, algún que otro teólogo puede acusar a una determinada propuesta teológica de teología del ser perfecto, presuponiendo en ella un detestable "anselmianismo", y mientras que nadie explica lo que en realidad es tan detestable al respecto, todo el mundo está seguro de que ser "culpable" de ello es en verdad algo malísimo.[96] No es sorprendente, pues, que algunos teólogos critiquen la teología analítica por tratarse simplemente de otra versión de la teología del ser perfecto. Pero ¿qué es exactamente la teología del ser perfecto? ¿Qué relación hay entre la teología del ser perfecto y el estudio de las Escrituras cristianas y la teología bíblica? ¿Qué es lo que está mal en la teología del ser perfecto? ¿Y qué relación tiene la teología analítica con ella?

Es famosa la afirmación de Anselmo de que Dios es el ser "por encima del cual no se puede pensar nada mayor".[97] Thomas V. Morris dice que la mejor manera de interpretar el sentido de la idea central de Anselmo es "que se debe considerar a Dios como *el ser más grande que se pueda imaginar*, un ente que muestra la *perfección máxima*".[98] En consecuencia, Dios es "un ser con el mayor despliegue posible de atributos de composición para crear grandes cosas".[99] Morris define, a su vez, "el atributo de crear grandes cosas" como un atributo "que es bueno tener de manera intrínseca, un atributo que otorga a su poseedor cierta dimensión de valor, de grandeza o de estatura metafísica, independientemente de las circunstancias externas".[100] Más adelante define un atributo bueno *intrínsecamente* como aquel que es "bueno en sí mismo" y así son los "puntos finales de parada adecuados que explican la bondad".[101] Según este pensamiento, vemos a Dios como quien "ejemplifica necesariamente un conjunto absolutamente perfecto de atributos operativos de gran capacidad creativa".[102] Siguiendo la tradición de tales enfoques teológicos, "se ha entendido que la explicación de Anselmo implica que Dios es, entre otras cosas, omnipotente, inmutable, eterno y perfecto, y también omnisciente".[103]

96. Jason S. Sexton, "Conclusion," en *Two Views of the Doctrine of the Trinity*, ed. Jason S. Sexton (Grand Rapids: Zondervan Academic, 2014), p. 213.

97. Anselm of Canterbury, "Proslogion," en *Anselm of Canterbury: The Major Works*, ed. Brian Davies y Gillian Evans (Oxford: Oxford University Press, 1998), p. 87. Texto PDF en español en: curas.proslogion.ar/Textos/ SA-Proslogion.pdf. (N.T.) Ver también, Brian Leftow, "Anselm's Perfect Being Theology," en *The Cambridge Companion to Anselm*, ed. Brian Davies y Brian Leftow (Cambridge: Cambridge University Press, 2004), pp. 132-56.

98. Thomas V. Morris, *Our Idea of God: An Introduction to Philosophical Theology* (Downers Grove, IL: InterVarsity Press, 1991), p. 35

99. *Ibíd.*

100. *Ibíd.*

101. *Ibíd.*, p. 37.

102. Morris, *Anselmian Explorations*, p. 12.

103. *Ibíd.*

La teología del ser perfecto está lejos de ser popular entre los principales teólogos constructivos o sistemáticos; la verdad es que muchos teólogos la ven con absoluto desdén. Algunos, ni siquiera se molestan en refutarla. Además, a veces también se ve rechazada por los teólogos filosóficos. Pero ¿qué es exactamente lo que es tan malo de la teología del ser perfecto? Aunque las críticas son diversas, algunas sobresalen como especialmente importantes para nuestros propósitos.

Algunos críticos de la teología del ser perfecto puede que manifiesten su preocupación sobre el papel prominente que desempeñan nuestras intuiciones. No se puede negar que las intuiciones desempeñan un papel importante en la teología del ser perfecto. ¿Cómo juzgamos, sea inicial, previa o provisionalmente, lo que se considera un "atributo de gran creatividad"? Lo hacemos confiando en nuestras intuiciones, las intuiciones modales y morales (o valorativas) son vitales aquí. Pero ¿no es esto, según la inquietud de los críticos, lo que da más fuerza de modo indebido a nuestras propias intuiciones falibles e inseguras? ¿No es más seguro y más correcto permanecer simplemente dentro de los límites de la "teología revelada"?

En una nota directamente relacionada, algunos críticos acusan a la teología del ser perfecto de ser demasiado especulativa. Dicen que la teología del ser perfecto nos anima a sentarnos e imaginar cómo tendría que ser Dios si Dios se amoldara realmente a nuestros criterios de bondad. Pero toda esta manera de tratar el asunto es, dicen, totalmente ingenua: ¿por qué nosotros, como criaturas finitas, pensamos que podemos tener acceso epistémico a los criterios divinos? La teología revelada, concluyen tales críticos, debería llevarnos a admitir que lo finito no puede comprender lo infinito. Y siendo así, como criaturas finitas no estamos en condiciones de teorizar sobre una buena teología. Además, esos críticos resaltan que la teología debe llevarnos a admitir que no solo somos seres finitos, sino también caídos. ¿Por qué nosotros, pecadores caídos, habríamos de creer que podemos hacer teología partiendo de nuestros propios recursos intelectuales y proponer algo que no sea idolatría? Y si esto es así, lo único que podemos hacer es arrepentirnos de nuestras teorías y esperar a ser renovados en nuestras mentes. Resumiendo su alegación, los críticos insisten en que el verdadero conocimiento de Dios viene siempre y únicamente por la palabra de Dios, y que cuando esa palabra de Dios nos alcanza, nos enseña a abandonar nuestras teorías acerca de los grandes atributos creativos, a cuestionar o renunciar a nuestras intuiciones, y a buscar humildemente el genuino conocimiento de Dios por medio del cual Dios se ha revelado a sí mismo.[104]

---

104. Como una vigorosa expresión de este alegato, ver Bruce L. McCormack, "Seek God Where He May Be Found: A Response to Edwin Chr. van Driel," *Scottish Journal of Theology* (2007): 62-79.

Son inquietudes importantes, y creo que los teólogos del ser perfecto harían bien en tomárselas en serio y aprender ciertas lecciones importantes de ellas. Pero varios puntos sobresalen como respuesta. Primero, las intuiciones, modales y morales, parecen inevitables. Cierto, como criaturas estamos limitados por nuestra finitud, y hemos de recordar que nuestras intuiciones pueden estar viciadas y que necesiten ser corregidas. Es cierto, al menos algunas de ellas están profundamente influenciadas por las normas sociales y culturales, y sería estúpido no reconocerlo o asumir que todas nuestras intuiciones son universales. Es cierto, están contaminadas por el pecado y pueden conducirnos a la idolatría conceptual. Pero, sin embargo, las tenemos, y seguramente será mejor reconocerlas e identificarlas como tales que no ignorarlas o pretender que solo son válidas en nuestros adversarios teológicos. De hecho, este es un lugar (entre otros) en el que la transparencia deliberada, que es fundamental para el enfoque analítico, puede sernos de ayuda. Tampoco creo que tengamos siempre que desconfiar de nuestras intuiciones; si Dios nos diseñó para tenerlas, deberíamos darle las gracias por ellas y tratarlas como evidencias.

Además, parece evidente que en la interpretación bíblica cotidiana confiamos en tales intuiciones. Leemos en las Escrituras que Dios es una "roca" (Sl 92:15); a veces se dice que Dios *se ha convertido* en mi roca (Sl 94:22). Los teólogos cristianos han disentido y debatido sobre muchas cosas, pero los cristianos ortodoxos nunca han estado divididos en partidos, sectas o denominaciones de "teólogos basálticos" o "teólogos graníticos". Nadie ha discutido sobre *cuándo* Dios se convirtió en un bloque de granito. De hecho, la idea de que alguien pueda hacerlo, y no sin razón, nos parece absurda. ¿Por qué? Porque todos los cristianos estamos de acuerdo en que la correcta interpretación bíblica debe llevarnos a concluir que tales textos no pueden entenderse *literalmente*. ¿Pero, por qué no? ¿Por qué no habrían de interpretarse así? Esos textos no están codificados en los manuscritos hebreos más antiguos, marcados con un color que nos avise, "no interpretar este pasaje literalmente". Pero no necesitamos tales indicaciones o ayudas para saber que no hay por qué llegar a esas conclusiones teológicas. Tampoco necesitamos un curso avanzado de hermenéutica para saberlo. Creo que la razón por la que no lo hacemos está bastante clara: lo que intuimos acerca de Dios nos lo dice. Y quizás la explicación va más allá: quizás fuimos creados con la capacidad para pensar así y la de desarrollar tales intuiciones.

Por tanto, con respecto a nuestras intuiciones acerca de los atributos creativos, podemos reconocerlas e incluso dar gracias por ellas, a la vez que también admitimos con gozo y sin problemas nuestra finitud y nuestra caída. En consecuencia, podemos mantener nuestras intuiciones con humildad lo mejor que podamos y tratar seriamente de corregirlas y arreglarlas a la luz de la propia revelación de Dios, de sus propios criterios. Lo cierto es que no solo podemos tratar de hacerlo, sino que también *debemos* hacerlo. Pero, en cualquier caso, parece que no podemos dejar de tener intuiciones, y el resultado es que siguen dirigiéndonos a la teología del ser perfecto. Incluso Jürgen Moltmann, conocido con razón como un vehemente crítico de la teología clásica, argumenta partiendo de sus intuiciones sobre la perfección divina hasta llegar a sus conclusiones sobre la necesidad y la eternidad de la creación: "Un Dios no creador sería imperfecto comparado con el Dios que es eternamente creador".[105] Parece claro, pues: no podemos evitar tener intuiciones, y creo que es mucho mejor exponerlas abiertamente, permitiendo así que puedan ser corregidas a la luz de la revelación, que pretender que no existen (o que solo los teólogos del ser perfecto las tienen).

Mi segunda observación es la siguiente: parece precipitado y equivocado llegar a la conclusión de que la teología del ser perfecto está siempre o por fuerza en desacuerdo con la teología revelada. Es cierto que la teología del ser perfecto se apoya en el argumento ontológico modal (S5), pues según este argumento, si Dios existe, Dios existe necesariamente y ejemplifica indefectiblemente la grandeza máxima.[106] Pero el apoyo a la teología del ser perfecto no se limita a la "teología natural". Al contrario, las Escrituras cristianas como mínimo nos guían en esa dirección. Miremos textos que exultan la grandeza divina: "Grande es Jehová y digno de ser en gran manera alabado" (Sl 48:1), o que preguntan "¿Quién será semejante a Jehová?" (Sl 89:6). Estos textos dan testimonio de la incomparable grandeza de Dios. O considera lo que dice el autor de Hebreos: "Cuando Dios hizo la promesa a Abraham, no pudiendo jurar por otro mayor, juró por sí mismo diciendo: «De cierto te bendeciré con abundancia y te multiplicaré grandemente»" (He 6:13-14; cf. Gn 22:16).[107] El texto lo deja claro: *no había nadie mayor que él por quien pudiera jurar.* Luego añade el siguiente comentario: "Los hombres ciertamente juran por uno mayor que ellos, y para ellos el fin de toda controversia es el juramento para confirmación" (He 6:16). Para el autor de Hebreos, Dios es claramente el ser más grande. Además, para el autor de Hebreos, Dios mismo sabe que él es el ser más grande. Así que Dios no conoce a nadie mayor que él mismo, y aunque esto no nos lleva a la conclusión de que Dios sea el mayor ser

---

105. Jürgen Moltmann, *The Trinity and the Kingdom: The Doctrine of God* (Minneapolis: Fortress, 1993), p. 106.

106. P.e., Alvin Plantinga, *The Nature of Necessity* (Oxford: Clarendon, 1974), pp. 197-219; Robert E. Maydole, "The Ontological Argument," en Craig y Moreland, *Blackwell Companion to Natural Theology*, pp. 553-92. E. J. La teología de la versión del argumento ontológico de Lowe es menos sólida, pero, no obstante, concluye que tiene una "estrecha afinidad con el argumento original de S. Anselmo", "A Modal Version of the Ontological Argument", en *Debating Christian Theism,* ed. J. P. Moreland, Chad Meister y Khaldoun A. Sweis (New York: Oxford University Press, 2013), p. 70.

107. Esta idea se la debo a Paul Helm, "Perfect Being Theology," *Helm's Deep: Philosophical Theology* (blog post), October 1, 2010, http://paulhelmsdeep.blogspot.com/2010/10/perfect-being-theol ogy.html.

que podamos *imaginar,* es ciertamente coherente. Cuál es la alternativa "bíblica": ¿teología del ser *imperfecto*? Morris está convencido de que "la idea de un Dios insuperablemente grande es claramente una idea bíblica fundamental".[108] Creo que tiene fundamentos para pensar así. Al menos, creo que podemos concluir sin temor a equivocarnos que la compatibilidad entre la teología del ser perfecto y teología revelada es claramente defendible. Pues como dice el salmista,

> Grande es Jehová y digno de suprema alabanza;
> su grandeza es insondable (Sl 145:3).[109]

Si realmente hay un espacio adecuado para la teología del ser perfecto, ¿cuál es ese espacio? ¿Cómo han de relacionarse las conclusiones de la teología del ser perfecto con la teología revelada, especialmente cuando están motivadas por nuestras intuiciones falibles y alimentadas por nuestras conjeturas? Ronald J. Feenstra plantea algunas preguntas importantes. "¿Cómo han de formular los cristianos su idea de Dios? ¿Qué papel debe otorgarse a las ideas anselmianas sobre Dios, o a los conceptos más ampliamente arraigados de la teología natural acerca de Dios?".[110] Feenstra no rechaza la teología del ser perfecto, sino que da un importante aviso: "Si los cristianos usan los métodos de Anselmo para articular su idea de Dios, han de usarlos solo si reflejan lo que las Escrituras dicen de Dios. Y si hay algún conflicto entre lo que dicen las Escrituras y lo elaborado según el método de Anselmo, los teólogos cristianos habrán de decantarse por lo que dicen las Escrituras".[111] En definitiva, como es natural, las Escrituras nos dirigen a Jesucristo; la Palabra escrita señala a la Palabra viva y encarnada. En consecuencia, la teología cristiana siempre debe buscar estar de acuerdo con la revelación que Dios hace de sí mismo encarnado en el Hijo.

Feenstra plantea la pregunta clave: "¿Qué método, entonces, deberían usar los teólogos cristianos para desarrollar su idea de los atributos de Dios?" Él responde que las mismas Escrituras nos llevan a la reflexión de Anselmo, pero que estas reflexiones anselmianas hay que revisarlas siempre a la luz de la revelación más directa de Dios, (definitivamente en la encarnación del Hijo de Dios, y confiando en las Escrituras cristianas). Lo cito *in extenso:*

---

108. Morris, *Our Idea of God*, p. 35.

109. Por otro lado, Yoram Hazony, teólogo analítico judío, no encuentra en las Escrituras nada que se parezca a la teología del ser perfecto de Anselmo, *Philosophy of Hebrew Scripture: An Introduction* (Cambridge: Cambridge University Press, 2012).

110. Ronald J. Feenstra, "A Kenotic Christological Method for Understanding the Divine Attributes," en *Exploring Kenotic Christology: The Self-Emptying of God*, ed. C. Stephen Evans (Oxford: Oxford University Press, 2006), p. 158.

111. *Ibíd.*, p. 162.

El lugar en donde empezar, por supuesto, es la Escritura, que habla de un Dios insuperablemente grande, poderoso, omnisciente, soberano sobre toda la creación (es decir, que no está limitado a un lugar determinado), sin principio de días ni vida finita, cuya existencia no depende de nadie fuera de Dios, creador de todo ser no divino, perfectamente bueno, absolutamente justo y amante más que cualquier padre o madre bondadosos. Anselmo nos aporta un principio útil mediante el cual expresar tales atributos: Dios es aquello de lo que no se puede pensar nada mayor. El método de Anselmo, entonces, consiste en atribuirle a Dios el atributo de hacer grandes cosas, es decir, atributos que es mejor tener que no tener, y decir después que Dios los tiene en grado superlativo. Entonces, en un intento por resumir lo que la Biblia dice de Dios, la teología de Anselmo describe a Dios como el ser más grande posible, con atributos para poder hacer grandes cosas, tal como el poder máximo (omnipotencia), el conocimiento de toda verdad (omnisciencia) y la bondad perfecta. Pero el método de Anselmo solo puede ser una guía, no la última palabra.[112]

Esto significa que, si bien la teología del ser perfecto tiene un papel legítimo y, de hecho, importante en teología, la teología revelada ha de poder corregirla. Porque, como dice Morris, "nuestras intuiciones de valor pueden estar condicionadas o distorsionadas por una tradición filosófica dominante o fuerte"; por tanto, "hay que dejar que cualquier dato bien documentado de la revelación cambie o corrija las intuiciones de valor de ese tipo que sean contrarias".[113] Es decir, lo que la teología del ser perfecto necesita es lo que Morris llama "el control revelacional".[114]

Mi observación final, sin embargo, aborda el debate en una dirección algo diferente. Hasta aquí he estado a favor de la teología del ser perfecto en lo que tiene que ver con la tarea de la teología analítica cristiana. He señalado que a todos los niveles parece inevitable, he sugerido que tal vez deberíamos estar agradecidos por nuestras intuiciones sobre la insuperable grandeza de Dios, he instado a que seamos precavidos y desconfiemos de esas intuiciones, y he argumentado que necesitamos el "control revelacional" sobre cualquier producto obtenido por el método de Anselmo. Quizás el resultado sea una "teo-ontología" (o más bien una onto-teología).[115] Pero también es importante señalar que la teología del ser perfecto no es en absoluto fundamental para las aspiraciones, el estilo o el enfoque de la teología analítica. Los debates sobre los méritos relativos y los deméritos de la teología del ser perfecto pueden tener lugar *dentro* de la teología analítica; es un debate interno.

112. *Ibíd.*, p.163.

113. Morris, *Our Idea of God*, p. 4

114. *Ibíd.* Cf. Morris, *Anselmian Explorations*, p. 25.

115. Ver el debate de Kevin J. Vanhoozer, *Remythologizing Theology: Divine Action, Passion, and Authorship* (Cambridge: Cambridge University Press, 2010), pp. 93-105.

En Keith E. Yandell tenemos un claro y brillante ejemplo de un teólogo analítico que rechaza la teología del ser perfecto (al menos la más común, al estilo de Anselmo). Yandell contrasta lo que califica de "teísmo corriente" con el "teísmo anselmiano". Para el teólogo anselmiano, Dios existe necesariamente, Dios existe en todos los mundos posibles, y Dios existe como lo necesariamente más excelente y bueno en todos los mundos posibles. Dios es el ser más grande que podemos imaginar, el más excelente y necesariamente existente. No hay mundos posibles en los que Dios cometa pecado, porque Dios es, en sentido estricto, necesariamente existente y necesariamente *bueno*. Así que, en el teísmo *trinitario* de Anselmo, todas las personas divinas son necesariamente buenas. Y en el teísmo trinitario anselmiano *encarnacional,* la persona divina que se encarnó por nosotros es necesariamente buena como humana y como divina. Yandell reconoce que, históricamente, el punto de vista anselmiano ha sido el que ha prevalecido ampliamente; sabe que ha sido la posición habitual de la tradición cristiana. No obstante, difiere de tal tradición y, en lugar de anselmianismo, habla de "teísmo corriente". Según el teísmo corriente, "*ser divino*, según interpreta el judeocristiano, incluye ser omnipotente, omnisciente y moralmente perfecto".[116] Naturalmente, la teología del ser perfecto coincide con esto. Sin embargo, la diferencia entre el teísmo corriente y la teología del ser perfecto puede verse en lo que significa ser "moralmente perfecto". En la exposición de Yandell, para el teólogo del ser perfecto, la perfección moral es igual o, al menos, implica necesariamente, la bondad moral. Para el teólogo del teísmo corriente, sin embargo, esto no es en absoluto evidente, puede que la perfección *moral* ni siquiera sea coherente con la necesidad. Después de todo, el defensor del teísmo corriente argumenta que hay fundamento para pensar que la responsabilidad moral exige una sólida libertad. No debemos malinterpretar lo que sobre esto afirma el teísmo corriente: seguramente *no es* que Dios no alcance a *ser* moralmente perfecto, sino que la perfección moral de Dios es, por lógica contingente, más que necesaria. Tampoco debemos sacar conclusiones erróneas acerca del teísmo corriente. Como explica Yandell, el teísmo corriente no implica que la bondad divina no sea completamente *estable.*

> Por todo eso, si (el teísmo corriente) está en lo cierto, el deicidio no ha de preocuparnos. Porque, si Dios puede conocer el futuro, en concreto, puede conocer sus propias decisiones futuras, puede saber si en algún momento decidirá pecar o no. Supongamos que sabe que no lo hará. En ese caso no habrá deicidio. Supongamos que sabe que lo hará. Entonces ya sabe que pecará en el futuro, y no hace nada ahora para evitar esa incorrección y, en consecuencia, ya no es moralmente perfecto, ni siquiera ahora, por lo que ya ha cometido deicidio. Entonces, si Dios

---

116. Keith Yandell, "Divine Necessity and Divine Goodness," en *Divine and Human Action: Essays in the Metaphysics of Theism,* ed. Thomas V. Morris (Ithaca, NY: Cornell University Press, 1988), p. 315.

existe, y el deicidio es pecado, el deicidio nunca ocurrirá. Por la misma la razón que pueda llevarnos a creer que Dios existe, nos hará pensar que no se destruirá a sí mismo, sea verdad o no (el teísmo de Anselmo).[117]

El teísmo corriente consiste en mucho más de lo que podría indicar este breve resumen, y la propuesta de Yandell merece que se le preste más atención de la que hasta este momento ha recibido en la literatura. Pero el asunto fundamental para nuestros propósitos debe quedar claro: no hay ninguna razón válida para suponer que la teología del ser perfecto sea esencial para la teología analítica. Yandell es un ejemplo de teólogo analítico que no es teólogo del ser perfecto, al menos no que podamos clasificar como "anselmiano".

El resultado de todo esto debería ser obvio: el teólogo analítico puede recibir la ayuda de la teología del ser perfecto, pero no la necesita para hacer una teología analítica genuina. ¿A dónde nos lleva esto entonces? Hasta donde alcanzo a comprender, el teólogo analítico puede respaldar y compartir la teología del ser perfecto. Contrariamente a algunas ideas erróneas extendidas, ser partidario de la teología del ser perfecto no implica que el teólogo tenga que cambiar su derecho a la revelación por un enjambre de especulaciones incomprensibles, inseguras y quizás contradictorias. Claro que eso siempre es posible tratándose de un teólogo del ser perfecto, que debe ser consciente de la tentación (aunque es importante entender que los teólogos que dicen trabajar solo con la "teología revelada" pueden hacer lo mismo, y quizás al no reconocerlo o admitirlo, es lo que está sucediendo). Pero el teólogo analítico que encuentra un lugar correcto para la teología del ser perfecto, también puede someterse al "control revelacional". De hecho, puede alegrarse de estar de acuerdo con Karl Barth cuando dice que "quién es Dios y qué significa serlo es algo que debemos aprender de allá donde Dios se ha revelado a sí mismo y su naturaleza, la esencia de lo divino".[118] Puede coincidir sinceramente con Feenstra cuando dice que "si Jesucristo es la revelación más clara y definitiva de Dios para la humanidad, nuestra idea de Dios tendrá que conformarse a lo revelado por él y a través de él".[119] Así, el teólogo analítico puede ser partidario de la teología del ser perfecto; puede, agradecido y también abierto, dejándose con humildad corregir a la luz de la revelación, reconocer y hacer uso de sus intuiciones acerca de la insuperable grandeza de Dios. Si es fiel a lo que Dios revela de sí mismo y de sus modos de obrar, como lo hace definitivamente en Cristo y fielmente en las Escrituras, entonces podemos llamar a su teología analítica, *teología*. Por otro lado, el teólogo analítico que, por cualquier razón filosófica o teológica, desconfíe de la teología del ser perfecto, puede simplemente pasar de ella. Porque, aunque

117. *Ibíd.*, pp. 315-16.
118. Barth, *Church Dogmatics*, IV/1:186. Cf. Feenstra, "A Kenotic Christological Understanding," p. 160.
119. Feenstra, "A Kenotic Christological Understanding," p. 161.

la teología del ser perfecto sea aliada natural e histórica de la teología analítica, no le es imprescindible.

II. ¿TEOLOGÍA ANALÍTICA BÍBLICAMENTE "AUTORIZADA"?

La teología analítica, ya sea "teología analítica natural", "teología analítica del ser perfecto", "teología analítica barthiana" o una mezcla ecléctica, si ha de ser teología cristiana genuina necesita el "control revelacional". Por tanto, para los cristianos que creen que Dios se ha revelado definitivamente a sí mismo encarnándose en el Hijo y fielmente en las Escrituras (que a su vez nos guían a la revelación de Dios mismo en Cristo), será de suma importancia apegarse a la revelación bíblica y a la manifestación cristológicamente normalizada de Dios. Es fundamental ser coherentes con la propia revelación de Dios y sus caminos.

Pero ¿qué significa que una propuesta teológica sea "autorizada" por la revelación? Es algo asombroso y una muestra de humildad que un teólogo lo diga, pero ¿qué significa? Es fácil decir que tal o cual punto de vista es "bíblico" –igual de fácil que tacharlo de "no bíblico". Pero ¿qué significa eso en realidad? ¿Qué quiere decir (para quienes aceptan la autoridad de la revelación cristiana) que una propuesta teológica dada, *P*, sea realmente "autorizada" por la enseñanza de las Escrituras? Observemos las diferencias que hay entre[120]

RA1 La Biblia, interpretada correctamente (y teológicamente), contiene declaraciones que (respaldan propuestas que) afirman explícitamente *P*.[121]

RA2 La Biblia, interpretada correctamente, contiene declaraciones que implican *P*.

RA3 La Biblia, interpretada correctamente, contiene declaraciones que coinciden con *P* y apuntan a *P*.

RA4 La Biblia, interpretada correctamente, contiene declaraciones que no implican ~*P* (o una *Q* que no coincide con *P*), y que coincide con *P* (pero no alude a *P*; simplemente es neutra en relación con *P*).

RA5 La Biblia, interpretada correctamente, contiene declaraciones que no implican ni *P* ni ~*P*, pero sugiere una *Q* que no coincide con *P*.

RA6 La Biblia, interpretada correctamente, contiene declaraciones que implican ~*P*.

---

120. Agradezco a Stephen T. Davis por animarme a pensar así, y por servirme de modelo. Ver su "Is Kenosis Orthodox?," en Evans, *Exploring Kenotic Christology*, pp. 126-27.

121. Digo "interpretada correctamente (y teológicamente)" porque incluso los teólogos que adoptan una visión "tradicional" de las Escrituras (que es, expresan o contienen revelación divina) también se dan cuenta de que la Biblia contiene afirmaciones acerca de Dios y el mundo que no pueden ser consideradas verdaderas, sino falsas (por ejemplo, lo que dice la serpiente en Génesis 3:4, que "no moriréis").

RA7 La Biblia, correctamente interpretada, contiene frases que respaldan a ~*P*.

RA8 La Biblia, interpretada correctamente, incluye declaraciones que respaldan a *P*, y también declaraciones que respaldan a ~*P* (es decir, que la Biblia, aun interpretada correctamente, es contradictoria).

Está claro que una afirmación teológica a la que le guste RA1 o RA2 vale para cualquier teólogo que acepte algo parecido a una doctrina cristiana de la revelación que podamos considerar tradicional. Y está igualmente claro que cualquier propuesta que se demuestre incompatible con RA7 o RA6 será considerada claramente defectuosa. O, si esto parece demasiado básico, podemos simplemente pensar en las diferencias entre alguna declaración teológica que viene *impuesta por las Escrituras, que es coincidente con las Escrituras o que es contraria a las Escrituras.* Lo que importa es ver que hay diferencias considerables, y, sobre todo, que hay que ser cuidadosos en cualquier actividad teológica que busque poner de manifiesto las excelencias de la teología analítica siendo a la vez fiel a la revelación divina. Quizás convenga estudiar un caso típico sobre un tema de interés de siempre, un tema tratado por la "teología bíblica" en época bastante reciente. De este caso nos ocuparemos a continuación.

III. "PENSASTEIS HACERME MAL": LA TEOLOGÍA BÍBLICA Y EL ESTUDIO DE UN CASO TÍPICO DE COMPATIBILISMO

Las cuestiones relacionadas con la soberanía y la providencia divinas, por un lado, y la libertad y responsabilidad humanas, por otro, han sido siempre del interés de los teólogos cristianos. Distintas opciones han sido propuestas, desarrolladas, criticadas y mejoradas a lo largo de los siglos. Tomistas y molinistas, calvinistas y arminianos, socinianos y luteranos, así como muchos otros, han debatido estos temas. Recientemente, sin embargo, ciertas perspectivas de la "teología bíblica" prometen terminar definitivamente con estos debates.

Antes de seguir avanzando, hemos de señalar que el término *teología bíblica* puede denotar varias cosas. En un nivel muy básico, puede referirse simplemente a cualquier teología que busque estar de acuerdo con lo que la Biblia dice sobre Dios y el mundo. También puede significar una teología que refleje fielmente el canon bíblico en fondo y forma, una teología que refleje los grandes temas a medida que estos se desarrollan en la narrativa canónica. Como la define Kevin J. Vanhoozer,

> La teología bíblica es una herramienta de trabajo que describe el "punto de vista de las palabras" y las formas literarias de la Biblia, y especialmente una descripción "densa" del canon como acto comunicativo divino. La teología bíblica habla de los textos bíblicos de modo que expongan su significado teológico: un procedimiento integrador de la Biblia fundamentado en la doctrina cristiana.

El teólogo bíblico lee el mensaje teológico comunicado por los textos tomados tanto en forma individual como en conjunto.[122]

Como tal, señala D. A. Carson, "busca descubrir y articular la unidad de todos los textos bíblicos tomados en conjunto, recurriendo principalmente al tipo de textos en cuestión".[123]

A la teología bíblica y a la teología analítica les interesa igualmente la coherencia. Como señala Alan Padgett, la teología sistemática "busca presentar una visión coherente de Dios, de la humanidad y del mundo, con un interés especial en nuestras vidas en su relación con Dios y con los demás".[124] La teología analítica, como un tipo de teología sistemática, suele interesarse de modo especial por la coherencia lógica. Por otro lado, a los teólogos bíblicos les suele preocupar de modo especial lo que Padgett llama la "coherencia narrativa"; quieren ver "cómo las cosas encajan entre sí y tienen sentido en la narración (canónica)".[125] No son, naturalmente, relatos contradictorios. De hecho, pueden ser complementarios. El teólogo analítico, como es natural, como teólogo *analítico*, se preocupará por la coherencia lógica. Como *teólogo* analítico, se preocupará igualmente por la coherencia narrativa.

La defensa de Carson del compatibilismo. D. A. Carson sostiene que, tanto la soberanía divina, por un lado, como la responsabilidad y la libertad humanas por otro, son fundamentales para la visión de la realidad descrita en la narrativa bíblica. Así que, no hay alternativa para el cristiano; la teología cristiana simplemente no puede rendirse, ya sea a creer en la soberanía divina o en la responsabilidad humana, y seguir siendo verdaderamente cristiana. En su libro *Divine Sovereignty and Human Responsibility: Biblical Perspectives in Tension*, (Soberanía divina y responsabilidad humana: dos puntos de vista bíblicos en tensión), Carson muestra que la soberanía de Dios queda clara de muchas maneras en las Escrituras: "Dios es el Creador, Dueño y Señor de todas las cosas", Dios es, en algún sentido, "la causa personal última de todo cuanto sucede", es Dios quien "elige a su pueblo" y él "es la fuente desconocida de bienaventuranza y éxito".[126] Del mismo modo,

---

122. Kevin J. Vanhoozer, "Exegesis and Hermeneutics," en *New Dictionary of Biblical Theology*, ed. T. Desmond Alexander, Brian S. Rosner, D. A. Carson y Graeme Goldsworthy (Downers Grove, IL: InterVarsity Press, 2000), p. 63.

123. D. A. Carson, "Systematic Theology and Biblical Theology," en Alexander, Rosner, Carson y Goldsworthy, *New Dictionary*, p. 100.

124. Alan G. Padgett, "The Trinity in Theology and Philosophy: Why Jerusalem Should Work with Athens," in *Philosophical and Theological Essays on the Trinity*, ed. Thomas McCall y Michael C. Rea (Oxford: Oxford University Press, 2009), pp. 332-33.

125. *Ibíd.*, p.333.

126. Aquí estoy tomando prestado el útil resumen que hacen J. P. Moreland y William Lane Craig, *Philosophical Foundations for a Christian Worldview* (Downers Grove, IL: InterVarsity

Carson sostiene que las Escrituras demuestran inequívocamente la realidad y la importancia de la responsabilidad humana. Las Escrituras lo hacen de varias maneras: lo vemos en la existencia, seriedad y urgencia de los mandamientos y exhortaciones divinos; en el testimonio bíblico de que las personas humanas toman decisiones pecaminosas y se rebelan contra Dios y sus mandamientos; por el hecho de que estos pecadores rebeldes se enfrentan a su justo juicio; y por el hecho de que los actores humanos son responsables de responder adecuadamente a la iniciativa divina y los ruegos de que se arrepientan, crean y obedezcan.[127] Entonces, tanto la soberanía divina como la responsabilidad humana están claramente confirmadas por las Escrituras. En consecuencia, sostiene Carson, cualquier doctrina o sistema teológico debe ser capaz de tener en cuenta ambos elementos. Aún más, debe poder hacerlo sin dejar de ser coherente con otros elementos cruciales de la doctrina vitales para el cristianismo ortodoxo y bíblico. Porque seguramente, tal como dice el propio Carson, sería completamente absurdo afirmar tanto la soberanía divina como la responsabilidad humana a la vez que también se niega, en forma explícita o implícita, una doctrina como la bondad divina.

> La Biblia insiste una y otra vez en la bondad incontaminada de Dios. Dios *nunca* aparece como cómplice del mal, o como malicioso en secreto [...] "Él es la Roca, cuya obra es perfecta, porque todos sus caminos son rectos. Es un Dios de verdad y no hay maldad en él; es justo y recto" (Dt 32:4). "Dios es luz, y no hay ningunas tinieblas en él" (1 Jn 1:5). Precisamente por eso, Habacuc puede decirle a Dios: "Muy limpio eres de ojos para ver el mal, ni puedes ver el agravio" (Hab 1:13), porque le cuesta entender cómo Dios puede estar de acuerdo con los terribles estragos que los caldeos causan a su propia comunidad del pacto. Ten en cuenta, entonces, que la bondad de Dios se asume sin alternativa posible.[128]

Por tanto, en la teología bíblica de Carson, cualquier teología correcta creerá tanto en la soberanía divina como en el compromiso con la responsabilidad humana, y lo hará siempre sin negar o ni siquiera socavar la bondad absoluta de Dios.

Carson está convencido de que ambos temas, la soberanía divina y la responsabilidad humana, son fundamentales en la teología bíblica; lo está tanto, que la manera de mantenerlos unidos es recurrir al "compatibilismo". Muchos cristianos evangélicos actuales son partidarios del compatibilismo. Lo ven como una forma satisfactoria de reconciliar estos temas gemelos. Algunos ven el compatibilismo como una posibilidad o quizás como la estrategia más satisfactoria,

---

Press, 2003), p. 561. Cf. D. A. Carson, *Divine Sovereignty and Human Responsibility: Biblical Perspectives in Tension* (Atlanta: John Knox, 1981), pp. 18-22.

127. *Ibíd.*, pp. 24-35.

128. D. A. Carson, *How Long, O Lord? Reflections on Suffering and Evil* (Grand Rapids: Baker Aca- demic, 2006), p. 182. Por "nunca" entiendo que Carson quiere decir que el autor divino de las Escrituras nunca presenta a Dios como cómplice del mal.

pero hay quienes van más allá. Carson es uno de ellos; de hecho, los supera. Llega a decir abiertamente que "no hay alternativa, salvo negar la fe".[129] En realidad, "el compatibilismo es un componente *necesario* de cualquier visión madura y ortodoxa de Dios y del mundo".[130] Carson lo tiene tan claro que exclama que rechazar el compatibilismo lleva nada menos que a "destruir el cristianismo bíblico".[131] Así que, para Carson, la teología bíblica subyacente en la ortodoxia cristiana demanda absolutamente la aceptación del compatibilismo.

Carson está convencido de que "montones" de pasajes apoyan el compatibilismo.[132] Además de los textos que enseñan la soberanía divina y los que dejan clara la responsabilidad humana, también hay textos que enseñan explícitamente ambas cosas. Cree que hay varios que son especialmente importantes para fundamentar sus afirmaciones sobre la ortodoxia del compatibilismo: Génesis 50:19-20; Levítico 20:7-8; 1 Reyes 8:46; Isaías 10:5; Juan 10:36-37; Hechos 2:23; 4: 3-31; 18:9-10; y Filipenses 2:12-13. Sin embargo, antes de pasar a estudiar su defensa, será útil aclarar la definición de "compatibilismo" con la que Carson está trabajando (ya que, como veremos, su definición es muy diferente al uso común del término). Según lo ve él, el compatibilismo enseña que

(DS) Dios es plenamente soberano, pero su soberanía nunca disminuye la responsabilidad humana; y

(MR) los seres humanos somos criaturas moralmente responsables, pero nuestra responsabilidad moral nunca hace que Dios sea totalmente contingente.

Este es el resumen de Carson de lo que él entiende por "compatibilismo".

Carson defiende el compatibilismo en Génesis 50:19-20. Al comentar la respuesta de José a sus hermanos que lo habían vendido como esclavo, "Vosotros pensasteis hacerme mal, pero Dios lo encaminó a bien". Carson concluye que José "no entendió que lo sucedido hubiera sido una malvada maquinación humana en la que Dios hubiera intervenido para transformarla en bien".[133] En cambio, Carson está convencido de que la única manera de explicar este pasaje es recurrir al compatibilismo. Carson se refiere a Hechos 4:23-29 como "quizás el ejemplo más sorprendente de compatibilismo" de todas las Escrituras.[134] Aquí leemos,

129. *Ibíd.*, p. 212.

130. D. A. Carson, *The Difficult Doctrine of the Love of God* (Wheaton, IL: Crossway, 2000), p. 54. Ver también la equiparación que K. Scott Oliphint hace de "la clásica u ortodoxa doctrina de Dios" con "la idea reformada de Dios"; Oliphint sigue a John Frame al concluir que la libertad total requiere el rechazo del "teísmo cristiano clásico" *God with Us: Divine Condescension and the Attributes of God* (Wheaton, IL: Crossway, 2012), p. 11.

131. Carson, *Difficult Doctrine*, p. 53.

132. *Ibíd.*, p. 52.

133. *Ibíd.*

134. *Ibíd.*, p. 53.

"Y verdaderamente se unieron en esta ciudad Herodes y Poncio Pilato, con los gentiles y el pueblo de Israel, contra tu santo Hijo Jesús, a quien ungiste, para hacer cuanto tu mano y tu consejo habían antes determinado que sucediera" (Hch 4:27-28). Carson nos invita "por un lado, a ver con detalle que hubo una terrible conspiración" cuyos personajes implicados "eran responsables", a la vez que nos recuerda que el mismo texto nos enseña que hicieron "cuanto la mano y el consejo de Dios habían antes determinado que sucediera".[135]

Carson recalca que sería un grave error ver la traición, el juicio y la muerte de Cristo "únicamente como una conspiración de las autoridades políticas locales del momento, y *no* como un plan de Dios".[136] No puede ser una simple conspiración que acabó en la muerte prematura y trágica de un hombre inocente que estaba en el lugar equivocado en el momento equivocado, pues la teología bíblica deja bien claro que "la mano y el consejo de Dios habían antes determinado que sucediera". Y estas dos declaraciones gemelas, concluye Carson, la responsabilidad humana y la soberanía divina, nos llevan al compatibilismo.

En resumen, Carson no duda en creer que la inalterable y confiable bondad divina está como mínimo relacionada con RA1 o RA2. Y del mismo modo cree que el compatibilismo goza de la misma posición.

Él no cree que el compatibilismo sea algo meramente coincidente con la teología bíblica o que proceda de ella. Por el contrario, es algo exigido por la teología bíblica y la ortodoxia cristiana.

Compatibilismo y compatibilismos: clarificación. Es fácil pensar que Carson es un firme defensor del compatibilismo, significando que la teología bíblica exige el compromiso de creer tanto en la idea de que

(DS) Dios es plenamente soberano, pero su soberanía nunca elimina la responsabilidad humana; y

(MR) que los seres humanos son criaturas moralmente responsables, pero su responsabilidad moral nunca hace que Dios sea totalmente contingente.

La elección de Carson del término *compatibilismo* es interesante, y se entrecruza con una importante obra metafísica.

El compatibilismo, normalmente, es visto como el punto de vista que hace que el *determinismo* y la libertad —no la *soberanía divina* y la libertad— sean compatibles.[137] Muchos filósofos –y, naturalmente, mucha gente que piensa– consideran que el determinismo es una amenaza para la libertad humana. Como

---

135. *Ibíd.*

136. *Ibíd.*

137. Es cierto que el tema de la libertad y la responsabilidad enturbian muchos debates. En lo que sigue, los utilizo en buena medida de manera indistinta (señalando las diferencias que hay entre ellas cuando interesa). La preocupación principal en esta discusión, sin embargo, es la responsabilidad moral.

señala Robert Kane, "Las amenazas del determinismo o de la fatalidad al libre albedrío han revestido muchas formas históricas: fatalista, teológica, física o científica, psicológica, social y lógica".[138] Pero para todas ellas hay

> una idea básica que abarca todas las formas de determinismo que explica el por qué estas doctrinas parecen ser una amenaza para el libre albedrío. Cualquier suceso está determinado, según esta idea básica, solo si se dan ciertas condiciones (por ejemplo, los designios del destino, los actos preestablecidos de Dios, las causas físicas previas y las leyes de la naturaleza) cuyo acontecer simultaneo sea (lógicamente) suficiente para que el suceso ocurra: así *será*, si esas condiciones determinantes se dan a la vez, se produce el suceso determinado. La determinación es, entonces, una especie de necesidad condicional que puede describirse de varias maneras. En el lenguaje de la lógica modal, el suceso determinado ocurre en cada mundo lógicamente posible en el que se dan las condiciones determinantes (por ejemplo, las causas físicas previas y las leyes de la naturaleza).[139]

Esto parece amenazar la libertad (y la responsabilidad moral), observa Kane, porque si el determinismo es verdad, entonces "puede parecer que no sería (a) 'nuestra decisión' lo que elegiríamos de entre varias posibilidades alternativas, ya que solo una alternativa sería posible; y puede parecer que (b) el origen o la fuente última de nuestras decisiones y acciones no estaría 'en nosotros' sino en condicionantes… que no controlamos".[140]

Hay definiciones aceptadas por la mayoría que son válidas aquí. El determinismo es, en palabras de William Hasker, la idea de que "para cada acontecimiento que sucede, hay acontecimientos y circunstancias anteriores que son sus condicionantes o causas suficientes, de modo que, si se dan esos acontecimientos y circunstancias previos, es imposible que el suceso no ocurra".[141] Michael Rea lo expresa así:

> Normalmente, se define el determinismo como la tesis de que, en un momento dado, solo hay un futuro físicamente posible. También podríamos expresarlo así: digamos que una *definición del mundo* es una descripción del estado completo del mundo en un momento determinado, es decir, que explica plenamente cómo *son* todas las cosas en ese momento concreto, pero no dice nada sobre cómo fueron o serán [...] Digamos que una ley establecida es una declaración que describe *todas* las leyes de la naturaleza que rigen en el mundo. El determinismo es, pues, la

---

138. Robert Kane, introducción a *The Oxford Handbook of Free Will*, ed. Robert Kane, 2ª ed. (Oxford: Oxford University Press, 2011), p. 4.

139. *Ibíd.*

140. *Ibíd.*, p. 5.

141. William Hasker, *Metaphysics: Constructing a Worldview* (Downers Grove, IL: InterVarsity Press, 1983), p. 32.

tesis de que la definición del mundo para un tiempo *t* junto a una ley establecida conlleva lógicamente *cada* definición del mundo en cada momento posterior a *t*.[142]

William Lane Craig y J. P. Moreland lo resumen de este modo: el determinismo es el punto de vista de que "para cada acontecimiento que sucede, existen condiciones tales que, si se dan, ninguna otra cosa puede ocurrir. Cada acontecimiento que ocurre, ocurre necesariamente debido a factores previos tales que, si se dan, el acontecimiento en cuestión tiene que ocurrir".[143] El "si se dan" es muy importante, porque no podemos reducir todo determinismo al fatalismo. El determinismo *simpliciter* se confunde a veces con el fatalismo (la idea de que, dadas las cosas que son verdad "al principio", nada puede ser diferente de como es en realidad), pero eso es erróneo.[144] No todas las versiones de determinismo equivalen a fatalismo; algunas versiones no están basadas en la necesidad lógica. Como explica Yandell,

> Permitamos que una descripción universal temporal (DUT) defina con precisión todo lo que en el mundo es verdad en un momento dado. Hemos de ver cada una de estas definiciones concretada en un tiempo definido especificado en la definición. LN se referirá a una relación correcta de todas las leyes de la naturaleza, y LL será una relación correcta de todas las leyes de la lógica. El determinismo sostiene que: para cualquier DUT situado antes del tiempo *t*, ese DUT más LN más LL, abarca cualquier DUT situado en ese tiempo *t* o posterior. Por tanto, si el determinismo está en lo cierto, el pasado determina un futuro único. Hay posibilidades lógicas alternativas a lo que sucede en un momento dado; simplemente no son compatibles de modo entendible con las leyes de la lógica, las leyes de la naturaleza y lo sucedido en el pasado. Así que no sucederán, y lo único que podemos hacer al respecto es lo que hacemos con respecto a las leyes de la lógica, las leyes de la naturaleza o lo sucedido en el pasado.[145]

Así que, no tiene por qué ser fatalismo, ya que "hay posibilidades lógicas alternativas a lo que sucede en un momento dado". Sin embargo, sobre el determinismo, dados los hechos inalterables sobre el asunto en el pasado, "lo único que podemos hacer al respecto", dado el hecho de que esas posibilidades no están a nuestro alcance, es lo que hacemos con respecto a las leyes de la lógica y la naturaleza.[146]

---

142. Michael C. Rea, *Metaphysics: The Basics* (New York: Routledge, 2014), p. 152.

143. Moreland and Craig, *Philosophical Foundations*, p. 268.

144. Yandell dice que es la idea de que toda verdad es necesariamente verdadera y toda falsedad es necesariamente falsa, *Philosophy of Religion: A Contemporary Introduction* (New York: Routledge, 1999), p. 306.

145. *Ibíd*., p. 308.

146. Para el teísta cristiano, "lo que sucedió en el pasado" incluye la acción divina, así como la acción humana y otras acciones generales. No debemos confundir esta explicación del determinismo con el determinismo nomológico físico; lo incluye, pero no es solo eso.

Por tanto, el compatibilismo cree, en general, que la libertad y la responsabilidad humanas son, o como mínimo pueden ser, compatibles con el determinismo. El determinismo puede estar en lo cierto, y nosotros podemos ser libres.[147] Los "deterministas moderados" tienen más confianza que algunos de sus colegas compatibilistas; no solo creen que el determinismo y la libertad son compatibles, sino también que el determinismo está en lo cierto.[148] Son, entonces, "los compatibilistas quienes subrayan que el determinismo no va contra ningún libre albedrío o responsabilidad que merezca la pena tener en cuenta".[149]

Sin embargo, siendo el compatibilismo (filosófico) tan atractivo, ha sido muy criticado y rebatido. Uno de los argumentos más comunes a veces se llama "el argumento principal". Aunque al compatibilismo se le hacen otras objeciones importantes y poderosas (y al determinismo), este argumento, junto con otro, nos sirve para clarificar los diferentes compatibilismos. Kevin Timpe resume el Argumento principal de la siguiente manera:

(1) El libre albedrío exige poder actuar de manera diferente;
(2) Si el determinismo causal es verdad, entonces nadie puede actuar de manera diferente;[150]
(3) Por tanto, el libre albedrío exige que el determinismo causal sea falso.[151] Yandell nos resume otro argumento. Si DUT se refiere a una "descripción universal temporal", nos pide que consideremos "la DUT situada temporalmente en el momento exacto antes de que muriera el último dinosaurio"; él lo etiqueta como la *DUTdino*.[152] También nos pide que consideremos la DUT en el momento de tomar una taza de café a las tres de la tarde; esta se llamará *DUTtaza*. Según esto, considera que
(4) *DUTdino*, LL y LN suponen *DUTtaza*;

---

147. Cf. Rea, *Metaphysics*, p. 153.

148. Richard Taylor, *Metaphysics*, 2ª ed. (Englewood Cliffs, NJ: Prentice-Hall, 1974), p. 48.

149. Kane, introducción, p. 24. "los deterministas radicales" por otro lado, son deterministas incompatibilistas; creen que el determinismo es verdad, y que la verdad del determinismo implica la negación del libre albedrío.

150. Hemos de distinguir entre el determinismo causal y el determinismo lógico (y el fatalismo). Para mí, el determinismo teológico (la idea de que Dios es el último agente determinante) es la clase más común (y probablemente más coherente) del determinismo causal (aunque quizás haya otras posibilidades). Me inquieta que el determinismo divino (me refiero a la idea de que todos los actos de Dios también están determinados) conduzca al colapso modal (como mínimo cuando se junta con otras características comunes del teísmo).

151. Kevin Timpe, *Free Will: Sourcehood and Its Alternatives*, 2ª ed. (New York: Bloomsbury, 2013), p. 69.

152. Yandell, *Philosophy of Religion*, p. 310.

(5) No somos responsables de nada que no podamos controlar;

(6) No podemos controlar nada implicado por lo que no controlamos;

(7) No somos responsables de nada que sea consecuencia de lo que no controlamos (de 5, 6);

(8) No controlas lo que hay de verdad en *DUTdino*;

(9) No controlas LL;

(10) No controlas LN;

(11) No controlas ni *DUTdino*, ni LL ni LN (de 8-10);

(12) No controlas lo que supone *DUTdino*, LL y LN (de 7, 11);

(13) No controlas *DUTtaza* (de 4 a 12);

(14) *DUTtaza* supone *que has decidido tomarte un café a las tres*;

(15) No controlas tu decisión de tomarte un café a las tres (de 13, 14).

Estos argumentos y sus respuestas correspondientes son amplia y fuertemente discutidos. Pero las respuestas principales y más influyentes tienden a seguir una de dos tendencias.

Algunos compatibilistas, a los que se suele llamar "compatibilistas clásicos", rechazan (2) y generalmente (6). Argumentan que, aunque el determinismo está en lo cierto, los agentes pueden tener la capacidad de actuar de manera diferente (en algún sentido relevante). John S. Feinberg es un teólogo filosófico que adopta y defiende este punto de vista. Distingue entre varios sentidos del "pueden": el "sentido de capacidad" se refiere simplemente a la capacidad necesaria para llevar a cabo una acción; el "sentido de oportunidad" tiene que ver con que las circunstancias correctas estén presentes; el "sentido de coherencia con las reglas" se refiere a la capacidad de hacer algo de manera legal o aceptable. Además, existe un sentido "sin malas consecuencias" del "pueden", el sentido de "autoridad" y el sentido "razonabilidad" que garantiza la racionalidad e inteligibilidad de nuestros actos. Más controvertido es el sentido "condicional" o "hipotético", y en este caso Feinberg dice que "algunas declaraciones del 'pueden', pueden interpretarse de esta manera, incluso si la mayoría no pueden serlo".[153] Más controvertido aún –llegamos así al conflicto entre compatibilistas e incompatibilistas– es el sentido "anti-causal" (o libertario) del "pueden". Feinberg argumenta a continuación que, si bien el compatibilista no puede llegar a aceptar el sentido libertario final, sí puede dar por buenos los otros sentidos, viéndose recompensado con la posibilidad de decir siempre que el agente podría *en algún sentido* haber actuado de manera diferente.[154]

A pesar de toda su ilustre historia, sin embargo, el compatibilismo clásico ha sido fuertemente atacado en los últimos años. Curiosamente, las críticas

---

153. John S. Feinberg, *No One Like Him: The Doctrine of God* (Wheaton, IL: Crossway, 2001), pp. 722-24.

154. *Ibíd.*, p. 725.

le llueven desde varios frentes. Mientras que los incompatibilistas continúan criticando y rechazando tal análisis por considerarlo profundamente defectuoso, también lo hacen muchos colegas compatibilistas. Richard Taylor expresa bien la inquietud:

> No podría haber decidido, querido, elegido o deseado hacerlo de manera diferente a como en realidad lo hice [...] Entonces, querremos saber si las causas de esos estados internos estaban bajo mi control; y así sucesivamente, *ad infinitum*. Se nos permite, en cada paso, decir "podría haber sido de otra manera" solo en un sentido provisional [...] pero hemos de retroceder y cambiarlo por un "no podría haber sido de otra manera" tan pronto como descubramos, como hemos de hacerlo a cada paso, que todo lo que tendría que haber sido diferente no podría haberlo sido.[155]

Hugh McCann señala que "prácticamente todos aquellos que por su libertad de decidir de manera diferente consideramos comprometidos (incluidos los adictos), según esta apreciación, serán tenidos por libres".[156] Incluso John Martin Fischer concluye que la perspectiva condicional "presenta problemas irresolubles".[157] Por supuesto, no todos los compatibilistas clásicos están convencidos de que haya que abandonarlo, pero muchos compatibilistas ahora buscan en otra parte. Incluso Feinberg, aunque está convencido de que tal punto de vista puede ayudar en algunos casos, también admite que no puede hacerlo todo a favor del compatibilismo.[158]

Otros compatibilistas han tomado decididamente rutas diferentes. En vez de desafiar (2), han rechazado (1) (y [5]). Muchos compatibilistas, que ahora rechazan el compatibilismo clásico, siguen el ejemplo de Peter Strawson y Harry Frankfurt tomando una dirección totalmente diferente. En un ensayo muy influyente, Frankfurt desafió la idea de que la responsabilidad exige de forma absoluta posibilidades alternativas.[159] Los anti-ejemplos del estilo de Frankfurt (como se les conoce ahora) intentan demostrar la irrelevancia de las posibilidades alternativas. Son muchos, el de David Hunt (empleado por Feinberg) nos sirve:

> Jones asesina a Smith, y lo hace en las condiciones más favorables posibles para su libertad y responsabilidad, con la siguiente peculiaridad. Hay un tercero, Black, que desea que Jones asesine a Smith, y que posee un artilugio capaz de ver y

---

155. Taylor, *Metaphysics*, p. 49.

156. Hugh McCann, *The Works of Agency: On Human Action, Will, and Freedom* (Ithaca, NY: Cornel University Press, 1998), p. 177, citado en Timpe, *Free Will*, p. 76.

157. John Martin Fischer, "Compatibilism," en John Martin Fischer, Robert Kane, Derek Pereboom y Manuel Vargas, *Four Views on Free Will* (Oxford: Blackwell, 2007), p. 50, citado en Timpe, *Free Will*, p. 76.

158. Feinberg, *No One Like Him*, p. 722.

159. Harry Frankfurt, "Alternate Possibilities and Free Will," *Journal of Philosophy* (1969): 829-39.

controlar los pensamientos de una persona. Pensando que Jones hará siempre lo que él quiere que haga, pero no queriendo verse decepcionado en sus expectativas, Black programa el artilugio para observar los pensamientos de Jones a fin de conocer sus intenciones con respecto al asesinato de Smith, y manipular sus pensamientos asegurándose así que quede claro que para asesinar a Smith, Jones no va a requerir ayuda de ninguna otra manera. A medida que se lleva a cabo, el artilugio no tiene que intervenir en el transcurso de los acontecimientos, porque Jones va adelante y asesina a Smith por su cuenta.[160]

Este es el punto (más) importante: Jones no tenía posibilidades alternativas reales ya que iba a matar a Smith de un modo u otro (independientemente de si intervenían Black y su artilugio). Pero actuó libremente y es responsable del asesinato, por lo que podemos ver que las posibilidades alternativas son irrelevantes en lo relativo a la libertad y la responsabilidad. El compatibilismo del estilo de Frankfurt ha suscitado mucho interés, y sigue siendo una estrategia interesante. Pero también ha atraído críticas como un imán (especialmente de incompatibilistas, tanto deterministas como indeterministas). Ted A. Warfield señala que "los incompatibilistas plantearán como mínimo tres problemas acerca de este argumento".[161] La primera: un análisis más minucioso muestra que realmente existen posibilidades alternativas en tales historias: tal vez solo haya un *resultado* posible, pero existen varios medios para llegar al fin y varias versiones posibles de la historia del asesinato de Smith. La segunda: tales situaciones no dicen nada acerca del determinismo, incluso si el resultado es que no hay posibilidades alternativas. La tercera: no está en absoluto claro que la libertad y la responsabilidad moral estén tan estrechamente vinculadas en tales situaciones.[162] Laura Waddell Ekstrom indica que no es necesario evocar situaciones tan elaboradas para ver el punto básico, que las posibilidades alternativas tan minuciosamente interpretadas no son imprescindibles para la libertad y la responsabilidad. Después de todo, si alguien salta deliberadamente a un pozo del que no puede salir para evitar cumplir su promesa de ayudar a su hermano a limpiar el jardín, él mismo es responsable de no cumplir su promesa, aunque ahora le sea imposible limpiar el jardín. Ella escribe:

> La pregunta que hay que hacerse es si los defensores de los casos al estilo de Frankfurt asumen que el determinismo causal es verdad en esas situaciones. Si es así, el interventor de referencia es *innecesario*, ya que los agentes en situaciones deterministas no pueden hacer otra cosa que actuar como lo hacen y ni siquiera habrían podido actuar de otra manera. Es un error, entonces, que el libertario conceda que el agente que está en una situación del tipo Frankfurt sea responsable;

160. Feinberg, *No One Like Him*, p. 726.

161. Ted A. Warfield, "Compatibilism and Incompatibilism," en Kane, *Oxford Handbook of Free Will*, p. 620.

162. *Ibíd.*, pp. 620-21.

debemos permanecer escépticos hasta que los presupuestos metafísicos del ejemplo se manifiesten explícitamente. Y que el compatibilista suponga que el agente en cuestión es moralmente responsable bajo el supuesto de determinismo, se trata de un tema en el que se discute la relación entre la responsabilidad moral y las posibilidades alternativas.[163]

Así que, por un lado, las situaciones que asume el determinismo enturbian el problema al introducir lo innecesario y han de ser cuestionadas. Por otro lado, si asumimos los supuestos del indeterminismo, estas situaciones no representan una amenaza para los libertarios; si Smith es controlado por el controlador externo, el libertario puede seguir manteniendo que no es libre ni responsable; mientras que, si Smith actúa sin ese control, entonces obra de manera libre y responsable. Y si el controlador es "global", entonces sigue siendo difícil ver que Smith pueda ser tenido por responsable de todo lo que hace. Por supuesto, puede ser que las posibilidades alternativas no sean necesarias para hacerlo responsable en sentido estricto (como lo ilustra el ejemplo del niño en el pozo), pero si no hay posibilidades alternativas moralmente significativas en algún momento, entonces es difícil ver que el agente sea responsable de lo que hace o de aquello en lo que se ha convertido.

Si Ekstrom representa un tipo de respuesta al compatibilismo al estilo de Frankfurt, Eleonore Stump ejemplifica la segunda inquietud de Warfield.[164] Ella reconoce que gran parte de lo hecho últimamente en defensa del indeterminismo sostiene que (1) un acto es libre si la decisión no está causalmente determinada y (2), que un acto es libre si el agente tiene posibilidades alternativas para elegir. Siguiendo a Tomás de Aquino (e interpretando a Agustín), ella coincide en que los anti-ejemplos al estilo de Frankfurt muestran que no hace falta tener posibilidades alternativas para ser libre y responsable. Pero también sigue a Aquino al insistir que el determinismo *es* incompatible con la libertad y la responsabilidad. En otras palabras, tales situaciones demuestran un punto importante, pero no consiguen demostrar que el determinismo sea compatible con la libertad y la responsabilidad. Por supuesto, tampoco muestran que el determinismo esté en lo cierto.

De hecho, las inquietudes acerca del compatibilismo clásico y el de Frankfurt son tan importantes y serias que incluso algunos partidarios devotos del determinismo (moderado) están buscando otras posibilidades. John Martin Fischer acepta que la tercera crítica de Warfield tiene fuerza. Defiende lo que él llama "semi-compatibilismo" y admite que la idea de reconciliar el determinismo con la *libertad* es difícil y puede resultar imposible, aunque luego argumenta que lo que demuestran los casos de Frankfurt es que la responsabilidad moral puede ser compatible con el determinismo.

---

163. Laura Waddell Ekstrom, "Libertarianism and Frankfurt-Style Cases," en Kane, *Oxford Handbook of Free Will*, p. 311.

164. P.ej., Eleonore Stump, *Aquinas* (New York: Routledge, 2003), pp. 277-306.

Valoración final. Así que Carson, como erudito y teólogo bíblico, recalca que la teología bíblica y la ortodoxia cristiana exigen el compatibilismo. Al mismo tiempo, el debate sobre el compatibilismo florece en la metafísica. Mientras tanto, hay una pequeña fusión preciosa y un compromiso genuinamente interdisciplinar aquí. Entonces, ¿cómo relacionarlos exactamente?

La primera observación es la más evidente: el "compatibilismo" de Carson no es el compatibilismo comúnmente entendido. Según lo define Carson el compatibilismo cree que

> (DS) Dios es plenamente soberano, pero su soberanía nunca disminuye la responsabilidad humana; y

> (MR) los seres humanos somos criaturas moralmente responsables, pero nuestra responsabilidad moral nunca hace que Dios sea totalmente contingente.

Estas dos propuestas no solo son compatibles entre sí, sino que son verdaderas. Pero esto no es igual que decir que *determinismo*, por un lado, y *libertad y responsabilidad*, por otro, son compatibles. A menos que uno se lo cuestione asumiendo plenamente que la soberanía (o, quizás, la "soberanía plena") sea igual o implique el determinismo, estas definiciones son tan diferentes que el apoyo bíblico aducido por Carson para el "compatibilismo" ni siquiera puede ser considerado como "prueba" de compatibilismo (entendido en su sentido metafísico). No es solo que el caso de la teología bíblica no prueba la verdad del compatibilismo (en el sentido de sentar algo como RA1 o RA2), sino que ni siquiera lo apoya. Porque en cuanto comparamos la definición que Carson hace del compatibilismo con las definiciones más comunes, podemos ver que simplemente no hablamos de lo mismo. Cuando afirma, entonces, que "el compatibilismo es una parte necesaria de cualquier visión madura y ortodoxa de Dios y del mundo", esta declaración no respalda la conclusión de que sostener *el determinismo y la libertad* a la vez sea una parte necesaria de cualquier visión madura y ortodoxa de Dios y del mundo.[165] La armonización de (DS) y (MR) coinciden también con varias propuestas indeterministas. Y cuando dice que el rechazo del "compatibilismo" llevaría a la "destrucción del cristianismo bíblico", no deberíamos entender que el rechazo de la tesis de que *el determinismo y la libertad son compatibles* resulte en la destrucción del cristianismo bíblico.[166] A pesar de decir que su punto de vista es "a veces llamado *compatibilismo*" en "el ámbito de la teología filosófica", simplemente no lo es.[167] El "compatibilismo" de Carson y el compatibilismo metafísico no son lo mismo.

Pero se suele entender que los argumentos de Carson procedentes de la teología bíblica apoyan el verdadero compatibilismo, y sus propios puntos de

---

165. Carson, *Difficult Doctrine*, p. 54.

166. *Ibíd.*, p. 53.

167. *Ibíd.*, p. 52.

vista sobre la metafísica no son del todo claros.[168] Algunos teólogos recurren a su obra como apoyo decisivo para el compatibilismo metafísico.[169] Algunos filósofos y apologistas también lo hacen.[170] Veamos de nuevo el argumento de Carson de Génesis 50:19-20. Como vimos, Carson está convencido de que la única forma de entender este pasaje es recurriendo al compatibilismo, y concluye que José "no entendió que lo sucedido hubiera sido una malvada maquinación humana en la que Dios hubiera intervenido para transformarla en bien".[171] El texto no "presenta a Dios como un *post eventu* desviando la acción malvada de los hermanos y transformándola en algo bueno".[172] Suponiendo que este argumento deba entenderse como un apoyo al compatibilismo metafísico, ¿qué se puede hacer con él? Por parte de los hermanos que vendieron a José como esclavo está claro que es una "maquinación humana perversa". Estoy seguro de que cualquiera leerá la historia así: los hermanos conspiraron y claramente "pensaron hacerle mal". Como el propio Carson señala: "El texto no permite clasificar a los hermanos de títeres, eludiendo así su culpa".[173] En consecuencia, *es* una malvada maquinación humana. Carson niega que fuera una acción humana perversa en la que Dios "interviniera" para producir el bien. ¿El problema está acaso en la expresión intervenir? Vale, puede que no haya una intervención divina milagrosa aquí, pero sí una acción divina providencial a través de los acontecimientos. De hecho, estoy seguro de que esto es lo que Carson pretende salvaguardar. Estoy de acuerdo con él en que la divina providencia está presente en esta historia, pero él no muestra que se necesite al

168. Carson rechaza lo que llama "capacidad absoluta de hacer lo contrario" a favor de la idea de Juan Calvino de que una acción libre es aquella que es "voluntaria", *Divine Sovereignty* (Soberanía Divina), p. 208. "Sobre bases bíblicas", él "no cree que se pueda mantener la idea de que la libertad humana implique una capacidad absoluta de hacer lo contrario", p. 209. Tampoco está muy de acuerdo con la obra de Alvin Plantinga en defensa del libre albedrío, por ejemplo, p. 254 n. 12. La palabra "absoluta" aquí es ambigua. También es importante, en algunas de sus definiciones, que la negación de la "capacidad absoluta de hacer lo contrario" podría reconciliarse con (algunas versiones) el libertarianismo. En cualquier caso, creo que él rechaza el principio de las posibilidades alternativas. Además, critica cómo los escolásticos usan la idea de causalidad secundaria (subrayando que ningún pecado debe ser imputado a Dios) porque son "casi deístas y totalmente ajenos al contenido bíblico", p. 210. Además, deja claro que quiere evitar el uso del término *concurrencia* porque "a veces está cargado de connotaciones sinérgicas", p. 210. Sin embargo, a pesar de sus inquietudes, también admite que el "concepto de segunda causa no puede ser abandonado sin más", p. 210.

169. P.ej., Robert A. Peterson y Michael D. Williams, *Why I Am Not an Arminian* (Downers Grove, IL: IVP Academic, 2004), pp. 137, 149.

170. P.ej., Douglas Groothuis, *Christian Apologetics: A Comprehensive Case for Biblical Faith* (Downers Grove, IL: IVP Academic, 2011), p. 636.

171. Carson, *Difficult Doctrine*, p. 52.

172. Carson, *Divine Sovereignty*, p. 10.

173. *Ibíd.*

compatibilismo para hacer tal afirmación. Quizás trata combatir la idea de que Dios es simplemente conocedor de la malvada maquinación humana y reacciona ante ella. Quizás el *"post eventu"* sea realmente clave aquí, puede que la verdadera preocupación de Carson sea contrarrestar lo que dicen los "teístas abiertos" y otros de que Dios no tenía una previsión o plan definitivos, sino que solo estaba reaccionando "sobre la marcha". Pero tales reparos no tendrían ninguna importancia para quienes no suscriben el teísmo abierto (y sus afines) y, en todo caso, nos queda concluir que no nos aporta ninguna razón para pensar que el compatibilismo sea la única, o incluso la mejor, explicación de este texto.

Veamos nuevamente las afirmaciones de Carson sobre lo que él llama "quizás el ejemplo más sorprendente de compatibilismo" (Hechos 4:23-31). Carson está seguro de que sería erróneo ver la crucifixión de Cristo, el punto de inflexión de toda la historia humana, "únicamente como una conspiración de las autoridades políticas del momento y *no* como un plan de Dios".[174] Coincido con Carson en que sería un error ignorar o minimizar el elemento del plan divino aquí. Pero cuesta entender cómo esto podría servir de argumento a favor del determinismo divino en todo (incluso en este acontecimiento). Hasta donde alcanzo a ver, podría servir de argumento a favor del determinismo moderado solo si aceptamos que las únicas opciones posibles son las siguientes: un acontecimiento solo puede ser determinado o imprevisto. Pero, como Carson no nos ofrece ninguna razón para pensar que este hecho tenga que haber sido determinado o imprevisto, no hay por que pensar que el argumento de la teología bíblica equivalga a un jaque mate para el compatibilismo. En otras palabras, ni nos acerca a RA1 o RA2, ni tampoco puedo ver que nos lleve a RA3. A lo sumo, nos deja en RA4. Por otro lado, si hay formas alternativas de referirnos a un plan divino que coincida con el indeterminismo, entonces el argumento pierde aún más su fuerza. Por ejemplo, tanto el molinismo como el tomismo tradicional aportan diferentes formas de entender que Jesucristo fue "entregado por el determinado consejo y anticipado conocimiento de Dios" (Hch 2:23), coincidiendo con el indeterminismo y la libertad de los libertarios.[175]

Por lo que puedo ver, estamos muy lejos de llegar a la conclusión de que la teología bíblica impone el compatibilismo, y parece que estemos usando los mismos términos de manera diferente y hablando entre disciplinas diferentes. Por una vez, tenemos claro lo que es realmente el compatibilismo y lo que no es (significando en general que la libertad y la responsabilidad son compatibles con el determinismo), manteniéndonos próximos a las afirmaciones de la teología bíblica. No es difícil ver que estos textos ni afirman ni implican la tesis metafísica de que,

---

174. Carson, *Difficult Doctrine*, p. 53.

175. P.ej., Thomas P. Flint, *Divine Providence: The Molinist Account* (Ithaca, NY: Cornell University Press, 1998); y Stump, *Aquinas*, pp. 455-78.

dadas las leyes naturales importantes y la historia de este mundo (incluida para el teísta todo acto divino), solo un futuro es posible. Parece seguro concluir (al menos a partir de estos argumentos de Carson) que lo más que se puede afirmar razonablemente a favor del compatibilismo es que coincide con el testimonio de la historia bíblica.

Sobre la base de los argumentos examinados, creo que esto es lo *máximo* que se puede pedir. Pero incluso esto puede ser algo apresurado. Podríamos preguntar más: ¿de verdad está el compatibilismo de acuerdo con la teología bíblica? La pregunta se vuelve más interesante, y mucho más difícil, si ampliamos un poco nuestra base textual y luego lo relacionamos con las diferentes versiones del compatibilismo en competencia. Porque, si bien la narrativa bíblica *está* realmente relacionada con la responsabilidad moral –después de todo, toda la idea del pecado es absolutamente fundamental para la historia canónica, y esta historia no tiene sentido sin ella– también muestra casos en los que aparece una fuerte preocupación por la verdadera libertad. De hecho, vincula la responsabilidad moral con decisiones que están realmente abiertas a los agentes humanos. Analiza la amplia gama de textos difíciles de entender sin un fuerte sentido de condicionalidad.[176] En la historia canónica, vemos la condicionalidad en el Edén (Gn 2:16-17). Ya fuera del Edén, se le dice a Caín que será aceptado si hace lo bueno y después se le advierte: "si no lo haces, el pecado está a la puerta, acechando" (Gn 4:7). En la formación de Israel, Dios declara su soberanía y su elección de Israel: "Porque mía es toda la tierra. Vosotros me seréis un reino de sacerdotes y gente santa" (Ex 19:5-6). Pero aquí también hay incluida una declaración inequívoca de contingencia y condicionalidad: "si dais oído a mi voz y guardáis mi pacto" (Ex 19:5). La Torá está repleta de promesas y advertencias condicionales: "Si andáis en mis preceptos y guardáis mis mandamientos", "pero si no me escucháis ni cumplís todos estos mandamientos, si despreciáis mis preceptos y vuestra alma menosprecia mis estatutos, si no ponéis en práctica todos mis mandamientos e invalidáis mi pacto...", y así sucesivamente (ver, Lv 26:3-46; Dt 28:1-68). Las opciones son a la vez reales y rígidas: "Mirad: Yo pongo hoy delante de vosotros la bendición y la maldición: la bendición, si obedecéis los mandamientos de Jehová, vuestro Dios, que yo os prescribo hoy... y la maldición, si no obedecéis los mandamientos de Jehová, vuestro Dios" (Dt 11:26-28). Moisés promete que Yahvé se deleitará con aquellos que guarden la fidelidad del pacto y le obedezcan, "cuando te conviertas a Jehová, tu Dios, con todo tu corazón y con toda tu alma" (Dt 30:9-10). Él pone ante ellos "la vida y muerte, la bendición y la maldición", y les ruega: "escoge, pues, la vida, para que vivas tú y tu descendencia, amando

---

176. Como es natural, hay también otros textos bíblicos y otras inquietudes teológicas difíciles de cuadrar con el compatibilismo. El problema soteriológico del mal es especialmente importante para cualquier determinista que no sea también universalista.

a Jehová, tu Dios" (Dt 30:19-20). Josué reitera los puntos principales de este mensaje de Moisés (Jos 24:14-22).

La historia de Israel está llena de casos donde la triste verdad es que muchas veces no elegía la obediencia, la fidelidad al pacto y la vida. Con todo, su historia está llena de oportunidades para poder decidir otra cosa. La palabra de Dios le llega a David y le indica que elija entre tres opciones (2 S 24:12). David pronuncia unas palabras de advertencia y de promesa a Salomón (1 R 2:2-4), y Salomón repite ese mismo mensaje en la dedicación del templo (1 R 8:25). Además, Yahvé se le aparece a Salomón y repite la promesa de bendición y la advertencia que le acompaña (1 R 9:4-9; cf. 1 R 11:11 y 2 Cr 7:11-22). Cuando Israel y sus líderes se rebelan contra Dios, el juicio prometido cae sobre ellos (2 R 17:1-23), y el texto deja claro que sus problemas vinieron "por cuanto no habían atendido a la voz de Jehová, su Dios, sino que habían quebrantado su pacto" (2 R 18:12). El cronista nos dice que el Espíritu de Dios, a pesar de todo, les dio la oportunidad de arrepentirse y volver a la fidelidad: "El Señor estará con vosotros si vosotros estáis con él; y si lo buscáis vosotros lo hallaréis; pero si lo dejáis, él también os dejará" (2 Cr 15:2). Al final, su pecado los lleva a ser conquistados y exiliados. Al regresar del exilio, Esdras no deja ninguna duda acerca de la causa: su falta de fe y su desobediencia (Esd 9:10-15). Nehemías también está de acuerdo (Ne 9:29-35). Los liturgistas de Israel reiteran los mismos temas (Sl 78:31-64). A lo largo de este tiempo, los profetas de Israel hablan de esperanza, pero solo si hay arrepentimiento, fidelidad y obediencia (Is 1:18-20; Jr 18:8; 26:1-6,12-15; 35:12-17; Ez 18:21-32; 33:10-16; Am 5:4-6,14-15; Za 1:2-4). También advierten del desastre inminente, de nuevo basado en la rebelión voluntaria (Is 8:6-8; 28:11-3; 30:1-5,9-18; Jr 7:21-28; 11:1-8; Jr 18:9-12; 21:8-10; 22:4-9; 25:1-11). Isaías transmite las palabras del Señor:

> Yo me dejé buscar por los que no preguntaban por mí
> y fui hallado por los que no me buscaban.
> Dije a gente que no invocaba mi nombre:
> "¡Aquí estoy, aquí estoy!".
> Extendí mis manos todo el día
> a un pueblo rebelde (Is 65:1-2; cf. Jr 7:13-15).

Todo esto a pesar de que repetidamente eligieron hacer "lo que desagrada" al Señor (Is 66:4).

Si vamos al Nuevo Testamento, encontramos relatos de personas a las que se invitó a ser parte del pueblo de Dios, pero "no quisieron venir" (Mt 22:3). Jesús se lamenta y dice "no queréis venir a mí para que tengáis vida" (Jn 5:40), y se angustia ante la terrible realidad de que algunos de los que ama se niegan a aceptar la salvación que les ofrece: ¡Jerusalén, Jerusalén, que matas a los profetas, y apedreas a los que te son enviados! ¡Cuántas veces quise juntar a tus hijos, como la gallina a sus polluelos debajo de sus alas, y no quisiste!" (Lc 13:34). Tomado en un sentido directo, este pasaje ilustra la respuesta de Dios a quienes se resisten a su voluntad: muestra el profundo pesar del Hijo encarnado, porque "quiere" "juntar", alimentar y proteger a esas mismas personas que "no quieren" venir a él. La predicación apostólica inicial también proclama este mensaje: Esteban rememora la historia de Israel y acaba diciendo: "Vosotros resistís siempre al Espíritu Santo" (Hch 7:51). A Pablo le preocupa, de igual modo, que los corintios pudieran "recibir la gracia de Dios en vano" (2 Co 6:1; cf. 2 Ts 1:5-10). También el autor de Hebreos advierte de cosas que presuponen la condicionalidad (He 3:7-19; 12:25) y que no tienen sentido sin ella.

¿Qué podemos aprender de esta breve exposición? Naturalmente, los compatibilistas conocen muy bien estos textos. Como dice Carson, tales promesas, desafíos, invitaciones y órdenes "tienen sentido precisamente porque pueden ser obedecidos o desobedecidos".[177] ¿Pero, qué explicación pueden dar los compatibilistas? ¿Qué significado tiene todo esto para nuestro estudio del compatibilismo? Globalmente, el mensaje de este tipo de textos no es, creo, favorable para el compatibilismo. Todos los compatibilistas pueden percatarse de que, según sus puntos de vista, así como según las explicaciones de los libertarios, los agentes realmente deliberan y eligen. Así que no tienen problema en afirmar la capacidad de decidir. Además, tengamos en cuenta que Carson reconoce que estas exhortaciones, mandamientos y advertencias "tienen sentido precisamente porque pueden ser obedecidos o desobedecidos". El sentido de "pueden" (o "podrían") aquí es, por supuesto, fundamental. Pero lo entendamos como lo entendamos, las cosas no parecen tan bonitas para la familia de compatibilistas de Frankfurt (y semicompatibilistas). Estos teóricos suelen negar que la libertad y la responsabilidad exigen la capacidad de actuar de distinta manera, pero este mensaje general de la teología bíblica parece decir que los pecadores rebeldes e infieles a veces son considerados responsables precisamente porque no actúan (o no actuaron) de otro modo. Como ejemplo, veamos 1 Corintios 10:12-13: "Así que, el que piensa estar firme, mire que no caiga. No os ha sobrevenido ninguna tentación que no sea humana; pero fiel es Dios, que no os dejará ser tentados más de lo que podéis resistir, sino que dará también juntamente con la tentación la salida, para que podáis soportar". Como William Lane Craig señala, "se deduce que cualquier cristiano que bajo alguna circunstancia no soporta la tentación, sino que cae ante ella, tiene en verdad la capacidad de evitar la caída; es decir, que tiene la libertad en esas circunstancias de actuar de otra manera".[178] "Dios ha provisto una vía de escape que podríamos tomar, pero no lo hacemos. En otras palabras, precisamente en esa situación, podemos caer o aprovechar la salida; es decir, somos libres al

---

177. Carson, *How Long*, p. 181.

178. William Lane Craig, "Ducking Friendly Fire: Davison on the Grounding Objection," *Philosophia Christi* 8 (2006): 163 n. 4.

estilo de los libertarios. Precisamente, porque pudimos tomar la vía de escape divinamente propuesta es que hemos de dar cuentas por ello".[179] Así que, mientras que los seguidores de Frankfurt niegan que la capacidad de actuar de otra forma sea importante para la libertad y la responsabilidad, en las Escrituras se sostiene, al menos a veces, que los pecadores son responsables de sus actos precisamente por no actuar de otra manera.[180]

Por otro lado, los compatibilistas clásicos suelen apelar al sentido "condicional" del "pueden" (junto a otros sentidos), permitiéndole así decir al compatibilista que el agente puede actuar (o podría haber actuado) *en algún sentido* de otra forma. En este sentido, siempre que las condiciones determinantes hayan sido otras –cualquier combinación de factores determinantes es decisiva (para la versión relevante del determinismo), el resultado también habría sido diferente. Como hemos visto, los críticos del compatibilismo clásico dicen que el análisis condicional solo funciona mientras nos centremos en acciones concretas en vez de la visión global o el carácter del agente. Porque esta doctrina solo nos permite decir que "podríamos actuar" o "podríamos haber actuado" de otro modo hasta que sepamos o profundicemos más; como dice Taylor, siempre descubrimos que "tenemos que rectificar y cambiarlo por 'no podría haber sido de otra manera' tan pronto como nos damos cuenta, como hemos de hacerlo a cada paso, que todo lo que tendría que haber sido diferente no podría haber sido de otra manera".[181]

A pesar de las inquietudes comunes (mantenidas tanto por colegas compatibilistas como por incompatibilistas), puede que los compatibilistas clásicos estén mejor que sus primos del estilo de Frankfurt. Quizás. Lo que los críticos del compatibilismo clásico temen es que el "pueden actuar de otro modo" realmente signifique que el agente puede actuar de otro modo solo si lo que pudiera ser de otro modo fuera de otro modo y, por tanto, no basta para favorecer al compatibilista. Les preocupa que "poder actuar de otro modo" en realidad solo signifique que un agente podría actuar de otro modo solo si los factores determinantes importantes fueran otros. Pero cuando Moisés dispone "las bendiciones y las maldiciones" delante de Israel, les advierte que no digan que no pueden hacer realmente lo que se los desafía a hacer: "Porque este mandamiento que yo te ordeno hoy no es demasiado difícil para ti, ni está lejos" (Dt 30:11). No está sugiriendo que tengan algo así como la capacidad meramente condicional de elegir otra cosa; no les está

---

179. William Lane Craig, "A Middle Knowledge Response," in *Divine Foreknowledge: Four Views*, ed. James K. Beilby y Paul R. Eddy (Downers Grove, IL: InterVarsity Press, 2001), p. 202.

180. Hemos de tener cuidado aquí para no pasarnos en nuestras conclusiones. No creo que la explicación canónica implique (o ni siquiera sugiera) que siempre podemos actuar de otra manera.

181. Taylor, *Metaphysics*, p. 49.

diciendo que podrían elegir correctamente si las condiciones fueran diferentes. Parece claro que no les está diciendo simplemente que tal cosa no sería demasiado difícil para ellos *si las cosas fueran distintas*; al parecer, lo que dice es que *no es* demasiado difícil para ellos o que no está fuera de su alcance. De hecho, por eso no tienen excusa. Volviendo a 1 Corintios 10:13, la situación parece la misma. Como dice Anthony Thiselton, al abrirles una vía de escape, "Dios provee, marca y le da al creyente la capacidad (δύνασθαι) de tomarla".[182] Si el creyente es actualmente capaz de usar la vía de escape, entonces no vale interpretar que Pablo dice que la vía de escape daría esperanza solo si el pasado (o las leyes de la naturaleza, o la lógica) fueran diferentes. Pablo escribe para alentar a los creyentes acerca de lo que en realidad *es* el asunto: hay una salida ante ellos. Además, el compatibilista clásico, junto con los partidarios de Frankfurt, todavía siguen profundamente interesados en la responsabilidad moral. Entonces, si bien el compatibilista clásico puede estar algo mejor que sus primos seguidores de Frankfurt en cuanto a la teología bíblica, no está nada claro que esté fuera de peligro.

Observaciones finales. No pretendo que esta discusión se entienda como una refutación del compatibilismo. Sé que no lo es. Aún menos es una demostración de libertarianismo (la armonización de la tesis de que algunos agentes son libres con la tesis de que la libertad es incompatible con el determinismo).[183] Estos temas son complicados y profundos, y haría falta mucho más para conseguir ambos propósitos. El libertario no puede simplemente resaltar una serie de textos bíblicos que muestran cómo los seres humanos toman decisiones y eligen y reclamar la victoria sobre los compatibilistas. Tampoco el compatibilista puede simplemente seleccionar una serie de textos bíblicos y decir que son la prueba de que el compatibilismo es bíblico. Sin embargo, que no haya una victoria fácil y rápida para ninguna de las partes no significa que la teología bíblica o las consideraciones metafísicas no sirvan para nada en estos debates. Al contrario, cualquier progreso verdadero en estas discusiones requerirá de expertos en ambos campos. Porque, aunque los argumentos analíticos pueden ser muy útiles para llegar a las conclusiones necesarias, no aportan el tipo de visión teológica que da la teología bíblica. Y mientras que la historia bíblica es vital para cualquier teología de la providencia divina (y las doctrinas de la responsabilidad humana del pecado y la gracia que la acompañan), la narrativa canónica por sí misma no nos da la clase de herramientas analíticas necesarias para ir adelante. Podemos concluir que presupone el uso adecuado de tales herramientas, pero no las hace explícitas. La teología bíblica puede darnos las aspiraciones teológicas importantes, y el análisis teológico puede ayudarnos a entender y formular las conclusiones doctrinales.

---

182. Anthony C. Thiselton, *The First Epistle to the Corinthians: A Commentary on the Greek Text* (Grand Rapids: Eerdmans, 2000), p. 749.

183. Cf. Rea, *Metaphysics*, p. 210.

Esto no significa que la teología analítica finalmente sustituya o reemplace a la teología bíblica; nada implica que la teología bíblica sea simplemente un montón de datos teológicos o una interpretación confusa e incompleta que solo proporciona algunas materias primas para la teología analítica y que luego se puede desechar sin problemas una vez hecho el "verdadero" trabajo de la teología analítica. Al contrario, podemos afirmar lo dicho hasta este punto y resaltar también la importancia permanente de una teología bíblica que se adapte al contenido canónico. Es decir, que la teología analítica puede ser un complemento de la teología bíblica; no tiene por qué reemplazarla ni socavarla.

Al usar este debate como un caso típico de relación entre la teología analítica y la teología bíblica, espero haber aclarado algunos puntos. Primero, en este caso, el trabajo de teólogos bíblicos como Carson es importante y puede ser muy útil. Es normal –y demasiado fácil– que los debates estructurados analíticamente sobre temas relacionados con la presciencia y la soberanía divina, y la libertad y responsabilidad humanas, sean muy (o incluso, a veces, exclusivamente) metafísicos. En tales contextos, el trabajo de los teólogos bíblicos como Carson puede ser inmensamente útil de varias maneras: puede ayudar a contextualizar o ubicar los debates metafísicos y doctrinales en su lugar correcto en el transcurso de la historia bíblica, y puede ser vital para recordarles a los teólogos analíticos las aspiraciones bíblicas esenciales, por las que han de responder. En particular, creo que a este respecto Carson nos ha prestado un gran servicio. Estoy convencido que tiene razón al recordarnos que la soberanía divina y la responsabilidad moral son indiscutibles. Además, nos ayuda al señalar algunos elementos importantes de la imagen bíblica de la soberanía divina. Su obra puede ayudarnos a obtener una visión más clara y nítida de los parámetros de cualquier explicación teológicamente aceptable de la actuación divina y humana, y puede ayudarnos a ver cómo este relato encaja en la "coherencia narrativa" de las Escrituras.

Pero también es normal –y puede que demasiado fácil– en los debates sobre los mismos temas sobre las inquietudes exegéticas y basados en la teología bíblica, avanzar sin el suficiente cuidado. Aquí es donde el teólogo analítico puede ser muy útil. Mientras que el teólogo bíblico puede ayudarnos con la "coherencia narrativa", el teólogo analítico puede ayudar con la coherencia lógica. En este caso, debe quedar claro que el análisis muestra que lo que Carson llama "compatibilismo", no es en realidad compatibilismo. (Naturalmente, todo el mundo es libre de usar el término que quiera, pero hemos de hacerlo sabiendo claramente que puede significar cosas muy diferentes). Por consiguiente, sus argumentos a favor del "compatibilismo" simplemente no valen como apoyo exegético o bíblico-teológico del compatibilismo. Por el contrario, su trabajo puede al menos ayudarnos a eliminar algunas versiones de compatibilismo. De hecho, William Lane Craig y J. P. Moreland llegan a la conclusión que la obra de Carson en realidad debilita el compatibilismo, ya que nos hace ver que los mismos pasajes aducidos por Carson descartan "un concepto determinista de la providencia divina".[184]

La teología analítica también puede servir para hacer avanzar el debate; puede clarificar hacia dónde han de dirigirse los futuros argumentos, dónde hay acuerdo, dónde se encuentran sus "líneas divisorias", cómo podrían funcionar los diversos argumentos en apoyo del compatibilismo o del incompatibilismo (así como del determinismo o del indeterminismo), y cómo los argumentos acumulativos del caso podrían actuar en un sentido u otro.

184. Moreland y Craig, *Philosophical Foundations*, p. 561.

Capítulo 3

LA TEOLOGÍA ANALÍTICA Y LA HISTORIA DEL DOGMA

La obra teológica seria ha de empezar forzosamente, una y otra vez, por el principio. Sin embargo, al llevarse a cabo, la teología de tiempos pasados, clásica y no tan clásica, juega un papel y pide ser oída… Agustín, Tomás de Aquino, Lutero, Schleiermacher y todos los demás no están muertos, sino que viven. Todavía nos hablan, y como voces vivas nos piden ser oídos.

KARL BARTH[185]

La teología analítica, como teología, ha de hacerse en respuesta a la revelación divina. Para los cristianos que tienen la Sagrada Escritura como revelación o reflejo preciso y confiable de ella, depender de la exégesis y la teología bíblica es parte esencial de la labor teológica. Pero, naturalmente, no somos los primeros lectores de las Escrituras, y podemos obtener beneficios de la historia de la interpretación y el desarrollo de la doctrina cristiana. Esto plantea preguntas adicionales sobre la teología analítica y su relación con la tradición cristiana y con la disciplina de la teología histórica. En este capítulo, analizo primero la relación entre la teología analítica y la teología histórica, así como con lo que a veces se llama "teología del pasado". A continuación, trato dos casos típicos. Ambos tienen que ver con la cristología. Uno de ellos muestra cómo la teología analítica puede ayudarnos a comprender y defender mejor la ortodoxia clásica a la luz de las objeciones que hoy se le hacen; el otro muestra cómo la ortodoxia de los credos podría servirnos de guía en la reciente labor constructiva de la teología analítica.

---

185. Karl Barth, *Protestant Theology in the Nineteenth Century,* nueva ed. (Grand Rapids: Eerdmans, 2002), p. 3.

I. TEOLOGÍA HISTÓRICA Y TEOLOGÍA ANALÍTICA

La teología analítica como teología histórica. Parte de la literatura actual sobre teología analítica evidencia una importante superposición con la teología histórica. De hecho, podemos decir que parte de ella no es más que teología histórica. A veces se critica a la teología analítica, como vimos en el primer capítulo, por no ser sensible al desarrollo del dogma. En ocasiones, las críticas están bien justificadas. Los teólogos analíticos pueden aislar rápidamente un texto en particular e intentar analizarlo para encontrar el verdadero "meollo" de la doctrina, o pueden pensar que el contexto histórico es poco relevante para la sobria verdad. Es cierto que a veces los teólogos analíticos parecen "pensar que los textos antiguos son obras engorrosas llenas de ideas, y que su cometido es extraerlas de la obra para hacer algo con ellas.[186]

A veces las críticas están justificadas, ¡pero no siempre! Porque algunos teólogos analíticos están a la vanguardia de la minuciosa investigación histórica contextual. Richard Cross, Jeffrey Brower, Scott MacDonald, Marilyn McCord Adams, Norman Kretzmann, Eleonore Stump, Timothy Pawl y muchos otros se destacan por su ejemplar y exigente erudición histórica. Por ejemplo, hay contribuciones considerables sobre importantes tratamientos analíticos de la doctrina de la Trinidad, y aún más si nos centramos en la teología medieval posterior. Richard Cross ha ofrecido una visión significativa de la teología de Juan Duns Scoto (en particular);[187] Paul Thom ha estudiado y analizado la metafísica de la Trinidad desde Agustín pasando por Boecio, Abelardo, Gilberto de Poitiers, Pedro Lombardo, Buenaventura, Alberto el Grande, Tomás de Aquino y Duns Scoto hasta Guillermo de Ockham;[188] Russell L. Friedman ha emprendido una tarea similar;[189] Jeffrey E. Brower ha examinado el uso analógico que hizo Abelardo de la creación material;[190] J.T. Paasch nos ha brindado una visión certera de las doctrinas generativas y procesales en las teologías de Enrique de Gant, Duns Scoto y Guillermo de Ockham;[191] y Scott Williams nos ha aportado un estudio de la

---

186. Fred Sanders, "The State of the Doctrine of the Trinity in Evangelical Theology," *Southwestern Journal of Theology* 47 (2005): 169.

187. Richard Cross, *Duns Scotus on God* (Aldershot, UK: Ashgate, 2005), pp. 127-248.

188. Paul Thom, *The Logic of the Trinity: Augustine to Ockham* (New York: Fordham University Press, 2012).

189. Russell L. Friedman, *Medieval Trinitarian Thought from Aquinas to Ockham* (Cambridge: Cambridge University Press, 2010).

190. Jeffrey E. Brower, "Abelard on the Trinity," en *The Cambridge Companion to Abelard*, ed. Jeffrey E. Brower y K. Guilfoy (Cambridge: Cambridge University Press, 2004), pp. 233-57.

191. J. T. Paasch, *Divine Production in Late Medieval Trinitarian Theology: Henry of Ghent, Duns Scotus, and William Ockham* (Oxford: Oxford University Press, 2012).

variada teología trinitaria medieval tardía.[192] Se trata de un trabajo de teología analítica que en realidad es principalmente un ejercicio de teología histórica; estos eruditos estudian la historia del dogma con el "estilo y las ambiciones" de la teología analítica (y utilizan las herramientas de la tradición analítica) para ayudar a comprender y explicar la teología trinitaria medieval. Lo mismo puede decirse de otras cuestiones y posicionamientos; la antropología teológica, la hamartiología, los atributos divinos, la cristología, la escatología y muchas otras áreas también están siendo investigadas.

 La teología analítica como teología del pasado. Otro tipo de teología analítica presta atención de cerca y con respeto a la tradición, pero intenta ir más allá de la exposición y la explicación. Este esfuerzo evalúa activamente y de manera crítica distintas propuestas teológicas tradicionales, tratando de extraer de la tradición sus riquezas como material teológico que servirá para la obra constructiva. A veces llamada "teología del pasado", John Webster la define como una *modalidad* de teología más que como una diferente metodología o escuela de pensamiento.[193] Según la descripción de Webster, la teología del pasado contradice la idea de que la historia de la teología moderna es "simplemente incapaz de defender la definición que el cristianismo hace de sí mismo frente al ataque de la razón crítica"; por el contrario, ve "la incapacidad de ordenar recursos específicamente teológicos para responder a sus detractores".[194] Por tanto, trata a la "teología cristiana previa a la modernidad como un recurso más que como un problema".[195] La tarea histórica es, por supuesto, muy importante, porque "permite que las teologías del pasado sitúen, interpreten y, en cierta medida, superen las limitaciones de la teología moderna, poniendo al descubierto la negligencia y desorden con los que son impuestas", y permite "la recuperación de partes del pasado cristiano como recurso para la obra constructiva actual".[196] En pocas palabras, para poder recurrir al pasado, hemos de conocerlo realmente, y no solo una representación desdibujada de nuestra propia posición preferida a la que llamamos "tradición". Para recuperar la teología del pasado es vital hacer un trabajo histórico sólido y riguroso.

 Pero, si la teología del pasado presupone y se basa en la teología histórica, también va más lejos. Recibe esos recursos de manera realista, reconociendo la ubicación histórica y las limitaciones de los diferentes puntos de vista, y los

---

192. Scott Williams, "Indexicals and the Trinity: Two Non-Social Models," *Journal of Analytic Theology* 1 (2013): 74-94.

193. John Webster, "Theologies of Retrieval," en *The Oxford Handbook of Systematic Theology*, ed. John Webster, Kathryn Tanner y Iain Torrance (Oxford: Oxford University Press, 2007), p. 584.

194. *Ibíd.*, p. 586.

195. *Ibíd.*, p. 585.

196. *Ibíd.*, pp. 589-590.

recibe con gratitud, buscando el potencial para "promover la labor teológica".[197] Pero también los recibe de manera crítica, con el compromiso de evaluarlos y analizarlos con cuidado. La teología analítica es, como tal, aliada natural de la teología del pasado. Y aunque ni Webster ni los especialistas analíticos actuales dicen nada sobre esa conexión, es en realidad lo que muchos teólogos analíticos están haciendo.

Volviendo otra vez al ejemplo de la doctrina de la Trinidad, Brian Leftow ha articulado y defendido lo que denomina "trinitarianismo latino".[198] No se refiere a él como, digamos, trinitarianismo "anselmiano", o "tomista", o "escotista", y tiene muy buenas razones para no hacerlo. Porque su trabajo sobre la doctrina de la Trinidad no es ni una cosa ni la otra. No lo articula primero y después trata de defender sus puntos de vista (ya sea de manera global o uno a uno). Es trinitarianismo "latino" en sentido amplio: Leftow adopta lo que él ve como una importante aspiración teológica expresada por la tradición latina principal, y toma algunas pistas de estos teólogos con respecto a su formulación. En otras palabras, acepta lo que considera fundamental para la tradición latina en general y lo defiende mediante una estrategia creativa e incluso novedosa en muchos aspectos. Si finalmente acierta o no, es otro asunto (tengo mis dudas sobre varios aspectos);[199] lo que importa aquí es su enfoque y sus objetivos. Está haciendo teología del pasado en el sentido que (1) acepta y se apropia de importantes afirmaciones teológicas e ideas de la tradición latina medieval, y (2) defiende esas afirmaciones y las pone al servicio de la teología constructiva de manera creativa.

La obra de William Hasker se le parece metodológicamente en muchos aspectos. Aunque sus propias propuestas teológicas son muy diferentes de las de Leftow, también hace lo que se puede llamar teología del pasado. Se fija en la teología de los principales teólogos del siglo IV (tanto los capadocios como Agustín), y confía en la importante labor realizada por los expertos en patrística especializados en el estudio de la teología trinitaria del cuarto y quinto siglos.[200]

---

197. *Ibíd.*, p. 596.

198. Brian Leftow, "A Latin Trinity," *Faith and Philosophy* (2004): 304-33.

199. Thomas H. McCall, *Which Trinity? Whose Monotheism? Systematic and Philosophical Theologians on the Metaphysics of Trinitarian Theology* (Grand Rapids: Eerdmans, 2010), pp. 112-22; Michael C. Rea, "The Trinity," en *Oxford Handbook of Philosophical Theology*, ed. Thomas P. Flint y Michael C. Rea (Oxford: Oxford University Press, 2009), pp. 700-704; William Hasker, "A Leftovian Trinity?," *Faith and Philosophy* (2009): 154-66.

200. Ver especialmente Lewis Ayres, *Nicaea and Its Legacy: An Approach to Fourth-Century Trinitarian Theology* (Oxford: Oxford University Press, 2004); Ayres, *Augustine and the Trinity* (Cambridge: Cambridge University Press, 2010); Khaled Anatolios, *Retrieving Nicaea: The Development and Meaning of Trinitarian Doctrine* (Grand Rapids: Baker Academic, 2011).

Acepta de modo crítico, defiende y desarrolla elementos importantes de esa teología en defensa de un moderado "trinitarianismo social".[201]

Algunos de los ejemplos de la teología del pasado que nos dan Leftow y Hasker son bastante "flojos"; otros son "más sólidos", en el sentido de que intentan acercarse más a los detalles de la tradición.[202] Además de la doctrina de la Trinidad, la situación es parecida con respecto a otros temas y materias: teología antropológica, hamartiología, teología pura (los atributos divinos), cristología, escatología y otras son materias de trabajo permanente en la teología analítica en lo que se refiere al "pasado".

Teología analítica y ortodoxia cristiana. Para los cristianos que tienen las Escrituras como revelación divina (o como reflejo o registro preciso y fiable de esa revelación), ellas son la autoridad suprema en teología.[203] Es, pues, la "norma normativa" (*norma normans*) que tiene autoridad sobre todo y sobre todas las demás fuentes de autoridad teológica, y es capaz de guiarnos, desafiarnos y corregirnos. Oliver Crisp lo expresa así: la Biblia es "para los cristianos, el árbitro final en asuntos teológicos, como el lugar particular en el que Dios se revela a su pueblo"; es la "autoridad de primer orden en todos los asuntos de la doctrina cristiana".[204]

Pero la Escritura nunca se interpreta aislada. Formamos parte de una larga línea de testigos de esta revelación divina, y podemos recibir agradecidos esa tradición de testimonio. Podemos, entonces, verla como un recurso más que como un obstáculo. Es decir, que hay razones para que la teología analítica constructiva funcione echando mano del pasado. Pero, no hay tal cosa como "*la* tradición", entendida como un cuerpo de enseñanza monolítico y uniforme, y es importante distinguir entre los diferentes tipos de compromiso con los elementos de la tradición del desarrollo del dogma cristiano.

A cierto nivel, la ortodoxia de los credos debería servir como una autoridad doctrinal; los credos ecuménicos son la "norma hecha norma por" (*norma normata*) la Sagrada Escritura, y que a su vez sirven para dar forma y corregir la labor teológica subsiguiente. La tradición de los credos goza de la máxima y más y amplia autoridad dentro de la teología cristiana, y todos los cristianos que aceptan

---

201. William Hasker, *Metaphysics and the Tri-Personal God* (Oxford: Oxford University Press, 2013).

202. Yo trato de hacer lo mismo en "Trinity Doctrine, Plain and Simple," in *Advancing Trinitarian Theology: Explorations in Constructive Dogmatics*, ed. Oliver D. Crisp y Fred Sanders (Grand Rapids: Zondervan Academic, 2014), pp. 42-59.

203. Argumento que tiene mucho sentido asumir la Escritura *como* revelación en mi artículo "On Understanding Scripture as the Word of God," en *Analytic Theology: New Essays in the Philosophy of Theology*, ed. Oliver D. Crisp y Michael C. Rea (Oxford: Oxford University Press, 2009), pp. 171-86.

204. Oliver D. Crisp, *God Incarnate: Explorations in Christology* (New York: T & T Clark, 2009), p. 17.

estos credos, considerándolos declaraciones "realistas", en algún sentido, tratarán de desarrollar propuestas teológicas constructivas de acuerdo y según tales credos ecuménicos. Pero además de los credos, también están las confesiones teológicas de tradiciones y grupos eclesiales particulares. Estos suelen ir más allá de los credos ecuménicos, tanto en profundidad como en detalle; y también suelen, debido a esa profundidad y detalle tan amplios, excluir muchos avances potenciales así como las creencias y confesiones de otras tradiciones. Si aceptamos las confesiones de grupos eclesiales particulares como un tercer nivel de autoridad, mientras se mantengan dentro de los credos y, en última instancia, de las Escrituras, en tanto que testimonio de la revelación de Dios que culmina en Cristo, los consideraremos como guías importantes y útiles.

Quiere esto decir, naturalmente, que los teólogos que *pertenecen* a esas tradiciones distintas los recibirán agradecidos y los tomarán en serio: aprovechando algunos ejemplos rápidos, los teólogos luteranos tradicionales se someterán a la Confesión de Augsburgo, la Fórmula de Concordia y otras confesiones importantes; los teólogos reformados tradicionales aceptarán las enseñanzas de la Confesión de Fe de Westminster, la Confesión Belga, los Cánones de Dort y otras declaraciones clave; los anglicanos fieles se adherirán a los Treinta y Nueve Artículos de la Religión; y, naturalmente, los teólogos católicos aceptarán el cuerpo de la enseñanza magisterial oficial, etc. Lo harán en distintos niveles, de acuerdo con algunas de esas declaraciones confesionales, y lo harán con diferente conciencia de "compromiso" ("fuerte" o "liviano"). Pero siendo, por ejemplo, teólogos *luteranos* o *reformados*, en cualquiera de los sentidos tradicionalmente conocidos de tales términos, aceptarán sus confesiones como autoridades fiables (aunque falibles y corregibles). Esto puede parecer muy obvio, pero sugiero que para que la teología analítica constructiva avance, viene bien que los teólogos también conozcan y respeten otras tradiciones confesionales. A menos que el teólogo tenga una buena razón para concluir que no hay nada que ganar con tal ejercicio, un compromiso cuidadoso y humilde con la teología de otras tradiciones confesionales puede ser mutuamente beneficioso.

Además de estas declaraciones formales (credos y confesiones), el trabajo de teólogos prominentes de la iglesia católica merece nuestro profundo respeto y puede ser un gran recurso para la teología analítica constructiva. Una vez más, parece importante que los teólogos conozcan a los principales teólogos de sus propias tradiciones. De este modo, los luteranos conocerán y respetarán la obra no solo de Martín Lutero y Felipe Melanchthon, sino también de Martín Chemnitz, Johann Wilhelm Baier, Johann Andreas Quenstadt, Johann Gerhard y muchos otros. Los teólogos reformados apreciarán no solo el trabajo de Juan Calvino, sino también los esfuerzos de lumbreras tales como Pedro Mártir Vermigli, Martín Bucero, Teodoro de Beza, Francisco Junius y John Owen, así como una gran cantidad de figuras menores. Los católicos romanos, naturalmente, estarán comprometidos con legados tan impresionantes como los de Francisco Suárez, Louis de Molina y otros muchos, etc. Hay muchos teólogos importantes en cada una de las principales tradiciones, muchos de ellos casi completamente olvidados, cuya obra merece un estudio mayor. Pero los teólogos actuales de todas estas tradiciones (y de otras) también pueden acceder al pensamiento de importantes teólogos patrísticos y medievales, pues comparten una relevante tradición común. Y, por supuesto, pueden beneficiarse también del trato con los principales teólogos de esas otras tradiciones confesionales.

Si lo hacen, es importante que el teólogo analítico preste detallada atención a la obra de los eruditos especializados en teología histórica. La tarea de la teología analítica constructiva no ha de confundirse con la de la teología histórica ni reducirse a ella. El teólogo analítico constructivo que desea sacarle partido a la tradición –para beneficiarse de sus avances y aprender de sus errores– tratará de no solo repetir y describir. Pero, si el trabajo del teólogo analítico no debe circunscribirse a la teología histórica, tampoco el teólogo analítico debe sentirse libre para recorrer simplemente el océano de la historia del dogma con la esperanza de pescar algunas citas jugosas, sacarlas de contexto, para después ponerlas a su servicio. Por el contrario, me parece mucho mejor que el teólogo se ocupe de los textos por sí mismos más relevantes (traducidos, si es posible, pero también en sus idiomas originales cuando haga falta) y del importante trabajo de los especialistas históricos.[205]

Si se tiene a la tradición cristiana por autoritativa (como la *norma normata* subordinada a la *norma normans* que es la Sagrada Escritura), ¿qué significa decir que alguna propuesta teológica es "ortodoxa" o "clásica"? ¿De qué manera una proposición teológica expuesta *P* se considera realmente "autorizada" por la ortodoxia tradicional o "clásica"? Cuando tengamos claro cuál es realmente el sentido importante de la "tradición" en cuestión, estaremos en posición de considerar las diferencias entre algunas afirmaciones teológicas *exigidas por la ortodoxia clásica-confesional, que coinciden o están en desacuerdo con ella.*[206]

El estudio de dos casos puede servirnos para demostrar cómo la tradición cristiana (aportada por la teología histórica) puede interactuar con la teología analítica. En el primer caso, la teología analítica está documentada tanto por el estudio actual que se hace en metafísica, como por la historia del dogma por su

205. Esto recuerda mis comentarios en Thomas H. McCall, "Relational Trinity: Creedal Perspective," en *Two Views on the Doctrine of the Trinity*, ed. Jason S. Sexton (Grand Rapids: Zondervan Academic, 2014), pp. 114-15.

206. Aclarar esto supera el alcance de este ensayo. Lo que planteo aquí son consideraciones formales más que materiales. Pero, plausiblemente, para todos los cristianos comprometidos con la ortodoxia clásica, incluye la adhesión a los principales credos cristológicos y trinitarios. Los teólogos católicos romanos seguirán sus propias enseñanzas magisteriales, varias tradiciones protestantes tomarán en serio sus propias confesiones, etc.

relación con algunos debates importantes sobre la doctrina cristiana clásica de la encarnación. En esto vemos a teólogos analíticos recuperando activamente la teología del pasado para ayudarnos a entender y defender la ortodoxia cristiana clásica. En el segundo caso, vemos una teología analítica que recurre a la ortodoxia clásica para interactuar críticamente con una propuesta reciente de la filosofía analítica de la religión.

II. OBJECIONES, ONTOLOGÍA Y ORTODOXIA: LA CRISTOLOGÍA A ESTUDIO

La principal doctrina cristiana. El cristianismo ortodoxo cree que Jesucristo es una persona humana y divina a la vez. Siendo una persona, posee, sin embargo, dos "naturalezas". En palabras de la Fórmula calcedónica (451), posee estas naturalezas "sin confusión, sin cambio, sin división y sin separación, aunadas ambas en una persona y en una hipóstasis". Durante siglos, y en todo el mundo, esta creencia ha sido la base de la ortodoxia cristiana.

Sin embargo, a pesar de la amplitud y profundidad del compromiso cristiano con la ortodoxia clásica, las críticas han acosado a la doctrina. Bien conocido es lo que John Hick afirmó, que "decir, sin más explicación, que el Jesús de Nazaret histórico también era Dios, tiene tan poco sentido como decir que este círculo dibujado con un lápiz sobre papel también es un cuadrado".[207]

Ortodoxia, objeciones y la(s) mente(s) de Cristo. Ante las críticas, los defensores de la doctrina ortodoxa han respondido de diversas maneras. Partiendo de diferentes recursos metafísicos, y sopesando a veces de manera algo diferente los anhelos de la cristología ortodoxa, han propuesto varias defensas de la doctrina. Incluso un breve repaso de sus escritos muestra que hay muchas formas de responder a cargos como los de Hick.

La importante obra de Thomas V. Morris, *The Logic of God Incarnate* (La lógica de Dios encarnado), articula y defiende una explicación abstracta (entendiendo las naturalezas más como atributos que como naturalezas específicas, concretas y particulares).[208] Esboza varias distinciones importantes: la distinción

---

207. John Hick, "Jesus and the World Religions," en *The Myth of God Incarnate*, ed. John Hick (London: SCM Press, 1977), p. 178. Hick parece haberse retractado de sus afirmaciones anteriores sobre esta incoherencia lógica, pero incluso su obra posterior insiste en que no es posible tener una visión coherente y a la vez ortodoxa y religiosamente significativa, John Hick, *The Metaphor of God Incarnate: Christology in a Pluralistic Age* (Louisville: Westminster John Knox, 1993), pp. 4, 58-59.

208. Ver también Richard Swinburne, *The Christian God* (Oxford: Oxford University Press, 1994), pp. 192-215. Para una explicación abstracta con una diferente perspectiva de la consciencia de Cristo, ver Joseph Jedwab, "The Incarnation and Unity of Consciousness," en *The*

entre la esencia individual y la esencia genérica, la distinción entre atributos humanos normales y esenciales, y la distinción entre ser plenamente humano y ser simplemente humano. La esencia individual (o *haecceidad*) es el conjunto de atributos que uno ha de tener para ser *ese* individuo distinto. Dicho de manera más precisa, la esencia individual de una persona es el conjunto completo de atributos que posee esa persona en todos los mundos posibles en los que existe.[209] Alvin Plantinga lo expresa así: "La esencia *E* de un objeto *x* es un atributo que tiene esencialmente de modo tal que, además, no es posible que haya algo distinto de *x* que posea *E*".[210] (Comparémoslo con Graeme Forbes: "un conjunto de atributos *I* que cumpla con las dos condiciones siguientes: todo atributo *A* en *I* es un atributo esencial de *I*, y no es posible que ningún objeto *y* distinto de *x* tenga todos los elementos de *I*").[211] Por otro lado, la esencia genérica (o naturaleza genérica), es lo que Morris describe como el conjunto completo de "atributos individualmente necesarios y conjuntamente suficientes" para su inclusión en ese género. Son individualmente necesarios: han de poseerlos todos para ser miembros de ese género. Y "conjuntamente suficiente" significa que, si los tiene todos, entonces es un miembro de ese género. Por tanto, "la naturaleza humana comprende todos los atributos individualmente necesarios y conjuntamente suficientes para ser humano", y nadie puede ser divino sin poseer todos los atributos individualmente necesarios y conjuntamente suficientes para ser divino. "Ningún individuo puede ser humano sin tener todos y cada uno de los atributos esenciales propios de la humanidad. Y de la misma manera en cuanto a la divinidad. Por ejemplo, en la doctrina tradicional de Dios, los atributos esenciales de la divinidad incluyen la omnipresencia, la omnisciencia, su identidad, eternidad, etc. Nadie puede ser Dios sin tener todos esos atributos".[212] Morris hace efectiva esa distinción; en este punto, lo importante es ver que cuando hablamos de "naturalezas" o "esencias" debemos tener cuidado para evitar una confusión común.

La segunda distinción importante que esboza Morris es entre atributos humanos comunes y esenciales. Morris señala que esta distinción suelen pasarla por alto quienes hablan de "naturaleza" o "esencia" más o menos con el significado de

---

Metaphysics of the Incarnation, ed. Anna Marmadoro y Jonathan Hill (Oxford: Oxford University Press, 2011), pp. 168-85.

209. Como trasfondo importante, ver Alvin Plantinga, *The Nature of Necessity* (Oxford: Oxford Uni- versity Press, 1974); and Kenneth Konyndyk, *Introductory Modal Logic* (Notre Dame, IN: University of Notre Dame Press, 1986).

210. Alvin Plantinga, "Essence and Essentialism," en *A Companion of Metaphysics*, ed. Jaegwon Kim y Ernest Sosa (Oxford: Blackwell, 1995), p. 139.

211. Graeme Forbes, *The Metaphysics of Modality* (Oxford: Oxford University Press, 1985), p. 99.

212. Thomas V. Morris, *The Logic of God Incarnate* (Ithaca, NY: Cornell University Press, 1986), pp. 22-23.

"lo que caracteriza" a algo. Pero, si bien esta es una confusión común y, en verdad, comprensible, también es perjudicial. Un objeto "tiene un atributo esencial si –y solo si– lo tiene y no fuera posible que no lo tuviera", si lo tiene en cada mundo posible en el que tal objeto existe.[213] Un atributo humano común, según Morris, es cualquier atributo poseído por muchos o por la mayoría de los humanos. De hecho, podríamos extenderlo incluyendo a todos los humanos. Pero que la mayoría (o quizás incluso todos) los humanos tengan un atributo no implica que sea esencial. Morris nos lo ilustra así:

> El atributo de vivir en algún momento en la superficie de la tierra es un atributo humano común. No hay problema en asumir que en este momento es un atributo universal de los humanos. Pero no es un elemento de la naturaleza humana. No es esencial para ser humano. Está muy claro que, en algún momento en el futuro, los seres humanos podrán nacer, vivir y morir en una estación espacial o en otro planeta colonizado por la tierra, sin tan solo haber puesto un pie en esta tierra. Este es un ejemplo obvio de esta distinción. El atributo de vivir en algún momento en la superficie de la tierra puede que ahora sea un atributo humano universal, pero no es esencial.[214]

Por tanto, un atributo humano común simplemente lo posee la mayoría de las personas (o incluso todas), mientras que un atributo humano esencial es un atributo que pertenece a su naturaleza genérica. Mientras que los atributos humanos comunes son *normalmente* poseídos por las personas, los atributos humanos esenciales son aquellos que *no pueden faltar* en un ser humano.

Esto lleva a Morris a hacer su tercera distinción: la que hay entre ser *meramente* humano y ser *plenamente* humano. Ser plenamente humano es mostrar la esencia genérica de la humanidad, mientras que ser meramente humano es mostrar *únicamente* esa esencia genérica. Según lo resume Morris, su argumento es que

> La naturaleza genérica presente en forma evidente en todos los seres humanos es la de humanidad. Ser un ser humano es tener la naturaleza humana. Un individuo es plenamente humano solo en el caso que muestre plenamente la naturaleza humana. Ser meramente humano no es mostrar una naturaleza genérica, un género natural, distinto del de la humanidad; sino más bien representar a la humanidad sin pertenecer a la vez a cualquier otro género ontológicamente superior, como la divinidad.[215]

Morris hace estas distinciones para argumentar que no debemos desechar la cristología calcedonia como incoherente. Por el contrario, la encuentra

---

213. Plantinga, "Essence and Essentialism," p. 138.

214. Morris, *Logic of God Incarnate*, p. 63.

215. *Ibíd.*, p. 66.

"irreprochablemente lógica".[216] Si bien es cierto que el atributo de ser meramente humano es un atributo humano común, no hay razón para suponer que deba ser un atributo esencial. Y, además, los cristianos suelen afirmar que la encarnación del Hijo de Dios como Jesús de Nazaret fue un hecho único. Pero eso no nos autoriza a pensar que la encarnación sea imposible, porque mientras tengamos en mente esta distinción crucial, afirmaciones como las de Hick son exageradas y, de hecho, indefendibles. Como Morris nos recuerda, la afirmación cristiana principal no es que la encarnación sea un acontecimiento habitual, al contrario, es radicalmente sorprendente. Con todo, sin embargo, que no sea algo común o que sea sorprendente no ha de confundirse con que sea imposible. Como dice Morris, "La declaración calcedonia no es que Jesús era meramente humano, sino que él era, y es, plenamente humano además de ser divino".[217]

De modo que, según Morris, el Logos es totalmente divino: la segunda persona de la Santísima Trinidad tiene todos los atributos divinos. En la encarnación, el Logos también se vuelve total y plenamente humano en cuanto el Hijo adquiere el conjunto completo de atributos individualmente necesarios y conjuntamente suficientes para ser un miembro con la esencia genérica de humanidad. Él no deja de ser divino cuando se hace hombre, es plenamente divino, pero después de la encarnación no es solo divino; y es plenamente humano (desde la encarnación), pero nunca solamente humano. Es plenamente divino y plenamente humano, y es así a la vez que es una sola persona: el Logos, la segunda persona de la Santísima Trinidad.

Morris, con este cuidadoso razonamiento metafísico rechaza acusaciones como las de Hick. Sin embargo, es muy consciente de que quedan algunos desafíos pendientes.[218] Hacer tales maniobras metafísicas y lógicas es útil hasta cierto punto, pero deja varias preguntas clave sin resolver. ¿Cómo por ejemplo, es el Hijo encarnado a la vez omnisciente y no omnisciente? Como divino, el Hijo es omnisciente. Como hombre, sin embargo, parecería que no lo es. Morris no puede simplemente decir que la no omnisciencia es solo un atributo común (más que esencial) de la humanidad, ya que sabe que las Escrituras también enseñan que Jesús no es omnisciente. Los relatos del Evangelio son demasiado claros: Jesús creció en sabiduría (Lc 2:52), y confiesa claramente que ignora cosas (Mr 13:32). Así que tenemos una aparente contradicción, después de todo: Jesús es omnisciente

---

216. *Ibíd.*, p. 46.

217. *Ibíd.*, p. 66.

218. Normalmente, los filósofos de la biología están convencidos de que el estudio de las especies biológicas no funciona bien según las condiciones necesarias y suficientes (en lugar de eso, prefieren pensar en las especies biológicas en términos de conjuntos). Por tanto, otra posible inquietud (a la que Morris no hace frente) es la siguiente: su propuesta podría significar tanto una tesis biológica inverosímil o la negación de que la naturaleza humana sea un género biológico.

(si es divino), y Jesús ignora cosas (según la clara enseñanza de las Escrituras). ¿Cómo trata el modelo de Morris de explicar tal contradicción?

Morris propone "dos mentes". Desde este punto de vista, Jesucristo tiene "algo así como dos niveles de consciencia".[219] El Logos divino, la segunda persona de la Santísima Trinidad, tiene una mente divina. Es así porque es divino, no es solo muy entendido sino también omnisciente. Además, por la encarnación, el Hijo se inviste de una mente humana. Es así porque es humano, limitado en conocimiento y comprensión. Está limitado por su ubicación en el espacio y el tiempo; era por naturaleza "plenamente humano, judío y palestino del primer siglo".[220] Por su mente divina, el Hijo es omnisciente. Por su mente humana, el Hijo sabe lo que sabría un hombre judío del primer siglo.

¿Cómo se relacionan estas dos "mentes" (o "niveles de consciencia")? Lo que quizás sea más importante aún, ¿de qué modo estarían lo suficientemente relacionadas para que su portador fuera *una* sola persona (como afirma la ortodoxia cristiana)? Morris explica que están relacionados de la siguiente manera: "La mente divina de Dios el Hijo contenía, pero no estaba contenida, en su mente terrenal o nivel de consciencia".[221] Plantea lo que él llama una "relación de acceso asimétrico" entre la mente divina y la mente humana. La mente divina, siendo omnisciente, tiene acceso completo e ininterrumpido a los contenidos de la mente humana. La mente humana, por otro lado, solo tiene acceso a los contenidos de la mente divina en ciertas ocasiones importantes. Entonces, cuando leemos en los relatos de los evangelios que Jesús predice el futuro, o ve en los corazones de sus amigos o de sus enemigos, debemos entender que en estos momentos la mente divina "traspasa" la información pertinente (de otro modo inaccesible) a la mente humana. Por otro lado, cuando leemos en los evangelios que Jesús "crecía en sabiduría" (Lc 2:52) o que no sabía ciertas cosas (Mr 13:32), debemos entender esto de una manera literal. Porque la mente humana de Jesús creció y se desarrolló más o menos como lo hacen las mentes humanas, y en muchas ocasiones la mente divina no "traspasa" la información correspondiente. Según la explicación de Morris, hay "una profundidad metafísica y personal en Jesús hombre que falta en el caso de cada persona meramente humana".[222] De modo que Jesús es único, pero esta es la ortodoxia cristiana; Jesucristo es plenamente humano, pero no meramente humano.

Morris está convencido de que su punto de vista "permite que el aparente crecimiento intelectual y espiritual en la humanidad de Jesús sea un desarrollo real", y puede también "explicar, o al menos posibilitar, su exclamación de

219. *Ibíd.*, p. 102.
220. *Ibíd.*, p. 103.
221. *Ibíd.*
222. *Ibíd.*

abandono".[223] Está seguro de que evita las herejías relacionadas con la cristología. Sin embargo, se da cuenta del peligro de que, de algún modo, este modelo compromete la "unidad de la persona" de Cristo. "Pero ¿entendemos realmente lo que significa atribuir dos mentes… a una sola persona?"[224] Morris nos da varias analogías (admitiendo que su utilidad es limitada). Dice que quizás los casos de comisurotomía del hemisferio cerebral, de personalidad múltiple e incluso de hipnosis, pueden arrojar algo de luz sobre cómo se puede decir que una persona tiene múltiples "niveles de consciencia". Resalta que "en realidad, en algunos casos de personalidad múltiple, hay una personalidad con un conocimiento aparente y directo de las experiencias adquiridas, de la información obtenida y de los actos iniciados por una o más personalidades distintas, un tipo de conocimiento que no posee ninguna otra personalidad concernida. En otras palabras, parece que en tales casos se dan relaciones de acceso asimétricas".[225]

Por supuesto, Morris es consciente de que estos casos suelen ser *trastornos* de personalidad múltiple, y se apresura a aclarar que no pretende que tales analogías sirvan como "modelos plenos de las características noéticas de la encarnación".[226] Pero cree que las analogías funcionan para mostrar al menos la posibilidad de dos mentes en una persona, y hacen cierto camino a favor de su verosimilitud: "Si una personalidad aberrante y perturbadora es eliminada terapéuticamente del repertorio conductual de alguien afligido con múltiples personalidades, el terapeuta no tiene por qué pensar que el resultado de su trabajo equivale a asesinar a una persona".[227]

Quizás más interesante sea la explicación que Morris da sobre los fenómenos de los sueños de los que habla mucha gente. Pensemos en alguien que está soñando profundamente: una estudiante de seminario se duerme mientras estudia para un examen final de historia de la iglesia, y tiene un sueño de acción y aventura en alta definición muy nítido. En su sueño, está siendo perseguida a través de un bosque oscuro por unos hombres encapuchados a caballo. Alcanza una posada iluminada por la luz de un fuego, y allí es rescatada por un hombretón que lleva una espada. Mientras ella se aleja con su salvador, se da cuenta de que él es Martín Lutero. El sueño es potente y vívido, una experiencia emocional amplia y profunda. Pero entonces, en un momento de gran peligro, la sensación de estar soñando aparece en nuestra estudiante. Aunque todavía no está despierta, ella es, o eso parece, consciente simultáneamente en dos niveles de consciencia. En uno de ellos, experimenta la emoción y la intriga propia de una aventura; en el

223. *Ibíd.*
224. *Ibíd.*, p. 104.
225. *Ibíd.*, p. 106.
226. *Ibíd.*, p. 107.
227. *Ibíd.*, p. 106.

otro, ella sabe que se trata de un sueño. En un nivel de consciencia, ella es uno de los personajes; en el otro, lo observa desde una posición de mayor lucidez. En parecido cierto sentido, el Hijo encarnado tiene dos niveles de consciencia. Morris se da cuenta de que esta explicación solo es una posibilidad, y conoce bien las limitaciones del ejemplo.

La propuesta de las dos mentes ha suscitado críticas. Quizás la queja más común y persistente es que no asegura suficientemente la unidad de la persona. Los filósofos y teólogos que creen que mente es equivalente a persona, verán sin duda a dos personas en la explicación de Morris y, por tanto, una cristología afectada de nestorianismo. El significado preciso de "nestorianismo" es importante aquí, y hay que resaltar que encontramos algo parecido a la propuesta de Morris en la teología patrística. Pero no se encuentra entre los nestorianos, sino (o algo parecido en ciertos aspectos importantes) entre los defensores de la ortodoxia niceno-constantinopolitana y calcedonia. Con todo, sin embargo, la inquietud básica persiste. Incluso no siendo la cristología de las dos mentes exactamente un tipo de nestorianismo, e incluso no implicando la tesis herética, simplemente se le acerca demasiado. Seguramente, como dicen muchos críticos, debe haber un mejor modelo disponible en alguna parte.

"Se despojó a sí mismo": cristología kenótica modificada. Algunos críticos de Morris más benevolentes se decantan por una versión modificada de la cristología kenótica. Al servirse –y tomar su nombre– del famoso pasaje de la *kenosis*, Filipenses 2:5-11, la cristología kenótica se esfuerza por resolver los problemas que surgen del modelo de Morris explicando lo que significa despojarse a sí mismo (o "humillarse") en relación con la encarnación. Las cristologías kenóticas han sido claramente prevalentes en los siglos XIX y principios del XX, pero el modelo analítico más reciente difiere de aquellos en algunos aspectos importantes.[228] Algunas de estas teorías anteriores (por ejemplo, las de Thomasius, Ebrard y Martenson) proponían que el Hijo abandonó algunos de sus atributos divinos en la encarnación, y otras teorías (mucho más radicales, como la de Gess) suponían que el Hijo abandonó su divinidad al encarnarse. El modelo analítico más reciente difiere muy significativamente de estas teorías anteriores en varios aspectos (de ahí el título de "cristología kenótica modificada"), y no debe confundirse con ellas.

El enfoque analítico modificado está representado por la obra de Ronald J. Feenstra, Stephen T. Davis y C. Stephen Evans.[229] En general, con respecto a

228. Para un debate muy provechoso sobre algunas de esas propuestas, ver Thomas R. Thompson, "Nineteenth- Century Kenotic Christology: The Waxing, Waning, and Weighing of a Quest for a Coherent Christology," en *Exploring Kenotic Christology: The Self-Emptying of God*, ed. C. Stephen Evans (Oxford: Oxford University Press, 2006), pp. 74-111.

229. Ver también el modelo kenótico concretista de Thomas Senor, "Drawing on Many Traditions: An Ecumenical Kenotic Christology," en *The Metaphysics of the Incarnation*, ed. Anna Marmadoro y Jonathan Hill (Oxford: Oxford University Press, 2011), pp. 88-113.

los compromisos metafísicos generales, están de acuerdo con Morris: plantean una visión abstracta y se apoyan en ciertos avances recientes en metafísica. Están de acuerdo en que hay que distinguir claramente entre las esencias individuales y las esencias genéricas, y sostienen que la persona de Cristo tiene exactamente una esencia individual y, como encarnado, dos esencias genéricas (humanidad y divinidad). Están de acuerdo en distinguir entre ser plenamente humano y ser meramente humano, y según la ortodoxia clásica, subrayan que Cristo es plenamente humano, pero no meramente humano. Además, aceptan distinguir entre atributos comunes y esenciales. Pero aquí, adaptan la explicación de Morris. Donde Morris distingue entre atributos comunes y esenciales al tratar de la humanidad de Cristo, los defensores de la cristología kenótica modificada (en adelante CKM) también hablan de atributos comunes y esenciales de la *divinidad*. Como hemos visto, la CKM rechaza la idea, de Thomasius, Ebrard, Martenson y Gess, de que el Hijo se despojó de todos o, incluso, de algunos de los atributos divinos. No obstante, la CKM insiste en que la *kenosis* es real: hay un despojo o entrega en la encarnación (y no simplemente una cuestión de suma). Despojarse significa lo siguiente: en la *kenosis* de la encarnación se abandona el empleo *común* de los atributos divinos esenciales.

Piensa en el atributo de la omnisciencia. Si la idea tradicional es que la omnisciencia es un atributo esencial de la divinidad, y si los modelos kenóticos más antiguos trataban de negar que la omnisciencia fuera un atributo esencial, la CKM insiste en que lo esencial es más bien el atributo de la *omnisciencia, pero no cuando está encarnado de manera kenótica y redentora*. Esto, más que omnisciencia *simpliciter*, es el atributo del conocimiento divino. Se comparte en el seno y entre las personas divinas, siendo todas ellas genuinamente *homoousios*. Si el Padre o el Espíritu Santo se hubieran encarnado (como la tradición dominante insiste en que podrían haberlo hecho), entonces el Padre o el Espíritu habrían ejercido este atributo divino al igual que el Hijo encarnado. Por otro lado, si el Hijo no se hubiera encarnado, habría seguido ejerciéndolo igual que el Padre y el Espíritu. Pero debido a que el Hijo, en la economía de la salvación, se ha encarnado, ejerce el atributo de manera diferente. Pero, observa que de lo que se despoja es de un atributo o propiedad divina *común*: la que muestra el atributo de conocimiento divino de la manera habitual o normal. Él no se despoja, según la CKM, del atributo divino esencial. Aun empleándolo de una manera poco común, el Hijo continúa compartiendo este atributo con el Padre y el Espíritu: todos son omniscientes, *menos estando encarnados de manera kenótica y redentora,* pero solo el Hijo está encarnado de ese modo. Entonces, aunque el Hijo encarnado no tiene todas las propiedades comunes de la divinidad, conserva todos los atributos divinos esenciales.

Los defensores de la CKM argumentan que su perspectiva ofrece varias ventajas importantes sobre los puntos de vista de las dos naturalezas, tanto heterodoxos como más tradicionales. Primero argumentan que la CKM encaja muy bien con los datos de las Escrituras. A cierto nivel, el modelo se inspira en el famoso pasaje de la *kenosis* del Nuevo Testamento.

Haya, pues, en vosotros este sentir que hubo también en Cristo Jesús:

> Él, siendo en forma de Dios,
> no estimó el ser igual a Dios como cosa a que aferrarse,
> sino que se despojó a sí mismo,
> tomó la forma de siervo
> y se hizo semejante a los hombres.
> Más aún, hallándose en la condición de hombre,
> se humilló a sí mismo,
> haciéndose obediente hasta la muerte,
> y muerte de cruz.
> Por eso Dios también lo exaltó sobre todas las cosas
> y le dio un nombre que es sobre todo nombre,
> para que en el nombre de Jesús
> se doble toda rodilla de los que están en los cielos,
> en la tierra y debajo de la tierra;
> y toda lengua confiese que Jesucristo es el Señor,
> para gloria de Dios Padre (Flp 2:5-11).

La pretensión de tener los escritos de Pablo como base no debe llevarnos a engaño. Los defensores de la CKM no dicen que su opinión venga *impuesta* por la correcta exégesis de Filipenses 2. Lo que dicen no llega a tanto: es que la CKM es bastante coherente con lo que Pablo dice aquí (puede que esto sea lo que encaja *mejor*). Pero, para los seguidores de la CKM importa más la imagen de Jesús que muestran los Evangelios. Destacan que las narraciones de los evangelios (tanto en Juan como en los sinópticos) muestran a Jesucristo como alguien divino, pero que también tiene un conocimiento limitado, a la vez que manifiesta la gama completa y firme de emociones humanas (demostrando limitación). En resumen, muestran a un hombre que es "plenamente dependiente del Padre por el poder del Espíritu".[230] No es que la idea de las dos mentes no *pueda* explicar los textos que hablan de lo que Jesús ignoraba y de sus limitaciones, pero, según los defensores de la CKM, no pueden hacerlo de manera tan natural o intuitiva como lo hace la CKM. Como concluye Gordon Fee, "Una cristología bíblica ortodoxa casi con certeza debe incluir alguna forma de idea 'kenótica' de la encarnación, que aquel que era verdaderamente Dios, también mediante su encarnación, vivió una vida

---

230. Gordon Fee, "The New Testament and Kenosis Christology," en Evans, *Exploring Kenotic Christology*, p. 44.

verdaderamente humana, vida en la que *creció* tanto en estatura como en sabiduría y conocimiento (Lc 2:52), aprendió la obediencia a través del sufrimiento (He 5:8), y quien como Hijo del Padre no sabía el día ni la hora (Mr 13:32)".[231] Según Davis, sus "propias razones para seguir la vía kenótica son sobre todo bíblicas".[232]

Los defensores de la CKM también sostienen que su punto de vista coincide con la ortodoxia cristiana clásica. Admiten que no es ni la opinión normal de los padres, ni la de los doctores de la iglesia; ni los principales teólogos patrísticos, ni los escolásticos medievales la enseñan en ninguna manera. Sin embargo, insisten sus defensores, coincide formalmente con los principales credos y concilios ortodoxos. Niegan totalmente que esté en conflicto con las pautas establecidas por los concilios ecuménicos, así como que acepte o implique alguna de las principales herejías. ¿Acaso abandona la ortodoxia para favorecer alguna versión del arrianismo? No, en ninguna manera; puede aceptar el *homoousios* y rechazar todas las formas de arrianismo. ¿Implica alguna versión del apolinarismo? No, o al menos no de manera clara. Además, se sabe que la CKM salvaguarda la unidad de la persona de Cristo. Frente a la pregunta, ¿sabe o no sabe el Hijo del Hombre el día y la hora? La CKM no necesita recurrir a una respuesta sofisticada o matizada. Tampoco tiene que recurrir a una estrategia que amenace con dividir la persona del Hijo. No tiene por qué decir que "el Hijo lo sabe según su mente divina, pero no según su mente humana" –lo que aparentemente nos deja sin una respuesta satisfactoria a la pregunta, ¿qué sabe la *persona*? Al contrario, la respuesta es tan directa como las palabras del mismo Jesús: no, él no sabe ni el día ni la hora. Por último, el atractivo religioso de la CKM es visto por sus defensores como verdaderamente un punto fuerte. Como dicen Davis y Evans: "Una explicación kenótica debería acrecentar nuestra admiración y asombro por el hecho de que el amor y el poder de Dios se rebajen tanto para salvarnos. Un amor tan desinteresado que prescinde de los privilegios y prerrogativas de la divinidad atrae no solo a nuestros intelecto, sino también a nuestros corazones. Nos presenta a un Dios que es verdaderamente Emanuel: Dios con nosotros, sufriendo con nosotros, aceptando plenamente la condición humana. Todo por amor".[233]

Pero la CKM tiene sus detractores. Muchos de sus críticos piensan que simplemente se aleja demasiado de la tradición en cuanto a cómo caracteriza los atributos divinos esenciales. (La venerable doctrina de la simplicidad divina representa un desafío particularmente difícil para la CKM.) De lo que se acusa a la CKM no es necesariamente que esté en conflicto con los credos mismos, sino

---

231. *Ibíd.*, p. 43.

232. Stephen T. Davis, "The Metaphysics of Kenosis," en Marmadoro y Hill, *Metaphysics of the Incarnation*, p. 133.

233. Stephen T. Davis y C. Stephen Evans, "Conclusion: The Promise of Kenosis," en Evans, *Exploring Kenotic Christology*, p. 321.

más bien que desvía la idea tradicional de los atributos divinos. Naturalmente, los defensores de la CKM son conscientes de esto, y no se han quedado sin respuesta. Sostienen que el método anselmiano no es definitivo y que deberíamos estar dispuestos a revisar nuestras creencias intuitivas previas a la luz de la revelación de Dios. Y dado que las Escrituras parecen mostrarnos a un Jesús que crece en conocimiento, pero aún ignora cosas, deberíamos adaptar nuestras creencias en consecuencia. Por tanto, concluye Feenstra, la CKM no solo sigue un método correcto, sino que también lleva a la conclusión correcta: los cristianos tienen que estar dispuestos a revisar sus posturas –incluso las muy tradicionales– a la luz de la revelación, y las representaciones bíblicas de Jesucristo exigen exactamente ese tipo de revisión. De modo que, aunque sus defensores admiten que la CKM no es tradicional en algunos aspectos, subrayan que coincide con los credos y es, de hecho, *más* fiel a las Escrituras.

Lo que temen otros críticos es que las soluciones aportadas por la CKM sean demasiado *ad hoc* o simples "componendas".[234] Sus partidarios pueden asegurar que lo que ofrecen es poco común, pero también, que la encarnación en sí es radicalmente nada común y sorprendente. ¿Tanto ha de sorprendernos que nuestras ideas teológicas preconcebidas necesiten algún ajuste a la luz de este sorprendente hecho? Thomas Senor, sin embargo, agudiza las críticas; argumenta que los atributos divinos de la CKM no son lo "suficientemente profundos" o "fundamentales".[235] Sin embargo, otros críticos (incluso simpatizantes) temen que la CKM sea aún endeble. Porque si la CKM es correcta, entonces las tres personas divinas tienen el atributo de ser omniscientes, *pero no cuando están encarnados de manera kenótica y redentora*. Pero si, como la tradición sostiene que es posible, las personas divinas se encarnaran (simultáneamente), entonces parecería que ninguna persona divina sería omnisciente y, por tanto, la omnisciencia sería contingente más que necesaria y, por tanto, no esencial para la divinidad, después de todo. Si el partidario de la CKM quisiera evitar este problema negando que el Padre o el Espíritu pudieran encarnarse, entonces sería realmente difícil saber qué hacer con la afirmación de que comparten el atributo de la omnisciencia, *pero no cuando están encarnados de manera kenótica y redentora*. Además, la CKM se enfrenta entonces a otro dilema: si solo el Hijo tiene la capacidad de encarnarse, entonces el Hijo tendría la capacidad de hacer algo que ni el Padre ni el Espíritu pueden hacer. En tal caso, cuesta ver que sean omnipotentes, o que el Hijo sea *homoousios* con el Padre y el Espíritu.[236] En cualquier caso, entonces, no está claro que la CKM sea

234. J. P. Moreland y William Lane Craig, *Philosophical Foundations for a Christian Worldview* (Downers Grove, IL: InterVarsity Press, 2003), p. 607.

235. Senor, "An Ecumenical Kenotic Christology," p. 107.

236. Ver Thomas H. McCall y Keith D. Yandell, "On Trinitarian Subordinationism," *Philosophia Christi* (2009): 355-56.

tan prometedora como parece a primera vista. Al mismo tiempo, sin embargo, sería un error rechazarla como formalmente heterodoxa.

Explicaciones concretistas: el cómo y sus detalles. Hasta ahora hemos hablado de dos propuestas abstractas sobresalientes, pero no todos los modelos cristológicos se pueden explicar de forma abstracta. Buena parte de la tradición cristiana funciona con una metafísica de lo concreto, siendo el punto de vista de sus partidarios actuales.[237] Si los abstractistas consideran que la naturaleza es los atributos, los concretistas consideran que así se los cosifica. Aunque los concretistas no niegan que haya naturalezas abstractas como la naturaleza canina, la equina o la humana, cuando se refieren a naturalezas concretas y específicas, no se interesan por la lista completa de atributos individualmente necesarios y conjuntamente suficientes para ser un perro o un caballo, sino por la naturaleza canina del perro Hershey, la naturaleza equina de Smoky, el caballo vaquero, o por la humanidad de Sócrates. Como Joseph Jedwab explica: "Según el punto de vista conocido como abstractismo, el Hijo llega a tener una naturaleza humana abstracta al adquirir una naturaleza humana concreta, pero no por asumir una naturaleza humana concreta diferenciada. Según el punto de vista conocido como concretismo, por el contrario, el Hijo llega a tener una naturaleza humana abstracta al asumir una naturaleza humana concreta diferenciada".[238]

Según la metafísica aristotélica clásica heredada por los escolásticos medievales, cada sustancia primaria (p. ej., Hershey, el perro labrador chocolate; Smoky, el caballo vaquero, o Sócrates) tienen una sustancia genérica secundaria (canina, equina o humana) que les pertenece y sin la cual no podrían existir: todo caballo tiene la sustancia genérica equina y no podría existir sin ella. Marilyn McCord Adams explica con claridad que "por cada sustancia primaria x, *hay solo* una sustancia genérica secundaria G que pertenece a x por sí misma y le es esencial, de modo que x no podría existir sin ser un G".[239] Sin embargo, la aceptación de la metafísica aristotélica normal presenta un desafío inmediato para la ortodoxia cristiana, de acuerdo con el esencialismo aristotélico, ninguna sustancia primaria puede tener más de una sustancia secundaria (o genérica). Los teólogos medievales no cedieron respecto a su dependencia de la ortodoxia cristiana, pero tampoco rechazaron el aristotelismo. Al contrario, trabajaron para modificar en forma importante la metafísica de Aristóteles. Adams explica que, para la teología medieval, "es posible que una sustancia primaria x que es esencialmente de una

237. La lista de concretistas actuales importantes incluye a Oliver D. Crisp, Marilyn McCord Adams, Brian Leftow y a Eleonore Stump.

238. Joseph Jedwab, "The Incarnation and Unity of Consciousness," en Marmadoro y Hill, *Metaphysics of the Incarnation*, p. 169.

239. Marilyn McCord Adams, *Christ and Horrors: The Coherence of Christology* (Cambridge: Cambridge University Press, 2006), p. 111.

determinada sustancia genérica también sea o llegue a ser o posea la sustancia genérica *G'* en forma contingente y no esencial (siendo *G* distinta a *G'*)".[240] Los teólogos medievales insistieron no solo en la distinción entre sustancias primarias (Hershey, el perro labrador chocolate; Smoky, el caballo vaquero y Sócrates) y sustancias genéricas (canina, equina y humana), sino también de ambas a partir de sus naturalezas/sustancias individuales (la canina de Hershey, la equina de Smoky y la humana de Sócrates). No les cuesta admitir que Aristóteles tiene razón al describir la posición normal o predeterminada, ya que en la mayoría de los casos una sustancia primaria tiene una y solo una sustancia/naturaleza individual; Hershey solo tiene la naturaleza canina de Hershey; Smoky solo tiene la naturaleza equina de Smoky y Sócrates solo tiene su propia naturaleza humana. Pero también niegan que este sea *necesariamente* el caso, ya que no está claro que una sustancia/naturaleza individual tenga que ser ontológicamente independiente o no pueda unirse con otra. En la encarnación, esto es exactamente lo que ha sucedido: Cristo ha asumido una naturaleza humana concreta y esta es dependiente ontológicamente del Logos, que la asume.

Hasta aquí, las diferentes propuestas concretistas son por lo general aceptadas. Pero lo que hemos dicho hasta este punto solo sienta las bases para que se den importantes pasos hacia adelante, y en buena medida, poco se ha dicho que pueda ayudar a responder a las objeciones y desafíos que se suelen plantear a la doctrina tradicional. Los concretistas no se ponen de acuerdo entre ellos mismos sobre los detalles, pero muchos respaldan algún tipo de modelo de encarnación parcial o total (o "meramente"). Quizás el más famoso de los defensores de este punto de vista sea Tomás de Aquino. Él se hizo la pregunta: ¿Era Cristo una criatura? y responde señalando que los arrianos dicen que Cristo es una criatura e "inferior al Padre"; por supuesto, Aquino sabe también que Cristo es plenamente humano. Su respuesta es la siguiente: "No debemos en ninguna manera decir que Cristo es una criatura o inferior al Padre; pero participa, a saber, de la naturaleza humana". Explica además que "las cosas que no pueden considerarse pertenecientes en sí mismas a la persona divina pueden predicarse simplemente de Dios en razón de su naturaleza humana; así decimos simplemente que Cristo sufrió, murió y fue sepultado: incluso como en los seres físicos y humanos, cosas de las cuales podemos dudar si pertenecen al todo o la parte".[241] Esto se debe a que "sea que pertenezcan al todo o la parte, si se observa que existen en una parte, no se le atribuyen simplemente al todo, es decir, sin calificar, ya que no decimos que el etíope es blanco sino que es blanco con respecto a sus dientes; pero decimos sin

---

240. *Ibíd.*, p. 112.

241. Tomas de Aquino, *Summa Theologica* IIIa.16.8, trad. por los Padres de la Provincia Dominica (New York: Benzinger Brothers, 1948).

reservas que tiene el pelo rizado, ya que tal cosa solo puede atribuírsele en lo que respecta a su cabello".[242]

Adams llama a esta "calificación", "especificación": se especifica lo que es relevante. Una declaración descriptiva puede referirse a una parte, a varias partes o al todo. Cada declaración descriptiva (o "predicado") ha de ser analizada con rigor, pero al hacerlo podemos dar sentido a declaraciones como que "Dios comenzó a existir y nació en el tiempo" o "Dios sufrió bajo Poncio Pilato y murió en la cruz", y podemos hacerlo manteniendo la doctrina cristiana clásica de Dios intacta. Lo que queremos decir con tales afirmaciones no es que Dios *simpliciter* nació o murió; lo que queremos decir es que Dios *Hijo* nació y murió. Como tampoco queremos decir que la persona del Hijo nació o murió *simpliciter*; sino que Dios Hijo comenzó a existir y sufrió la muerte *según su naturaleza humana*. De acuerdo con esta estrategia (también conocida como la "estrategia duplicativa" –diciendo, más o menos, que "Cristo, como Dios tiene tal atributo, y como hombre su complemento)",[243] Eleonore Stump explica, "el hecho de que tanto el poder limitado como el ilimitado se le atribuyan a Cristo no hace que la fórmula calcedonia de la encarnación sea incoherente, porque la omnipotencia se predica de Cristo en cuanto a su naturaleza divina y la no omnipotencia se predica de él en lo relativo a su naturaleza humana".[244] Por tanto, Cristo *como* Dios es omnipotente; *como* humano, no lo es".[245]

Un destacado defensor contemporáneo de este enfoque, Brian Leftow, argumenta que Dios el Hijo (la segunda persona de la Santísima Trinidad) existe eterna y necesariamente, pero está unido a una naturaleza humana concreta (un cuerpo y un alma) en la encarnación. La combinación de Dios el Hijo y el cuerpo y el alma humana genera una entidad compuesta: Jesucristo. El cuerpo y el alma humanos ahora se vuelven parte de Jesucristo, pero no se vuelven parte de Dios el Hijo (*per se*). Como él explica, mientras el cuerpo y el alma están unidos a Dios el Hijo, "no se vuelven parte de él". Dios el Hijo "no viene a consistir en manos, pies, etc."; más bien, ahora "tiene manos, pies, etc. injertados".[246] Leftow se debate contra la posibilidad de que su punto de vista parezca nestoriano, y admite que hay diferencias metafísicas importantes entre nosotros y el Hijo encarnado de Dios. Pero insiste en que esto es cierto para cualquier explicación (ortodoxa) de

242. Adams, *Christ and Horrors*, pp. 130-33.

243. Morris, *Logic of God Incarnate*, p. 38.

244. Eleonore Stump, "Aquinas' Metaphysics of the Incarnation," en *The Incarnation: An Interdisciplinary Symposium on the Incarnation of the Son of God*, ed. Stephen T. Davis, Daniel Kendall, SJ, y Gerald O'Collins, SJ (Oxford: Oxford University Press, 2002), p. 211.

245. *Ibíd.*

246. Brian Leftow, "The Humanity of God," en Marmadoro and Hill, *Metaphysics of the Incarnation*, p. 22. Leftow no da más explicaciones sobre lo que significa "injertado".

la encarnación, y concluye que, aunque Jesucristo es un humano nada común, no obstante, es completamente humano.[247]

Stump reconoce que tal estrategia, aunque popular en la tradición cristiana, es impopular hoy en día porque se ve que la "solución" que da es meramente semántica, dejando sin resolver el verdadero problema; pero argumenta que, a pesar de todo, la idea es defendible (entendiendo bien las partes, el todo y sus atributos). Desde el punto de vista de Aquino, como dice ella, "hay una distinción entre un atributo que un todo tiene por sí mismo y un atributo que tiene debido a una parte que posee tal atributo por sí misma", y "un todo puede tomar prestado un atributo de una de sus partes".[248] Utilizando como ejemplo la molécula CCAAT / proteína potenciadora de unión (C/EBP), ella argumenta que podemos verlo claramente. La C/EBP "es un dímero, cada una de cuyas unidades secundarias es una proteína que se enrolla en una bobina helicoidal alfa. La molécula, por tanto, tiene la propiedad de enrollarse a modo de hélice alfa, pero tiene esa propiedad porque tiene dos partes que se enrollan así. Sin embargo, cada una de estas partes de la molécula se enrolla de forma helicoidal alfa por sí misma. Por otro lado, la molécula completa tiene la propiedad de regular la transcripción del ADN, y esta propiedad la tiene por sí misma".[249] Al mismo tiempo, la C/EBP "es un conglomerado de dos unidades de dímero que se separan cada una de la otra en forma de Y en un extremo de la molécula".[250] La conclusión a la que se llega es que, aunque es cierto que la C/EBP "'que *como* dímero con unidades secundarias enrolladas tiene la propiedad de enrollarse en forma de hélice alfa', le atribuye una propiedad que la molécula completa toma prestada de una de sus partes" (parte que tiene la propiedad por sí misma), también es cierto que la C/EBP "en forma de Y no está enrollada a modo de hélice alfa".[251] Del mismo modo, el Hijo encarnado tiene algunos atributos según la naturaleza humana y otros atributos según la naturaleza divina. Stump concluye que, bien entendido, este modelo sirve para eliminar el peligro de contradecir la doctrina ortodoxa.

Thomas P. Flint, un crítico muy cercano de los modelos concretistas del "meramente", plantea varias inquietudes. Le preocupa que como mínimo algunas versiones de este modelo corren el peligro de perder identidad, ya que en los mundos en los que el Logos se encarna se mezcla con una naturaleza humana concreta (cuerpo y alma) para dar forma al Hijo, mientras que en los mundos en los que el Logos no está encarnado, él es simplemente el Hijo (sin humanidad). Pero si eso es así, según una definición clásica de identidad, la persona del Hijo

---

247. *Ibíd.*

248. Stump, "Aquinas' Metaphysics of the Incarnation," p. 212.

249. *Ibíd.*, p. 205.

250. *Ibíd.*, p. 213.

251. *Ibíd.*, pp. 212-13.

encarnado no sería la misma que la persona del Hijo. Esto es un problema, sin duda.[252] Además, este modelo parece "aislar" demasiado a la persona del Hijo (como si su humanidad fuera una chaqueta o traje espacial que absorbiera toda la suciedad y lo protegiera del contacto real con el mundo). Flint pregunta: ¿no "aísla esto de la humanidad al Hijo, al punto de poner en tela de juicio el verdadero significado de la encarnación?"[253] ¿Y no corremos el peligro del espectro de dos agentes, incluso de dos *personas*? ¿No es esto otra versión del nestorianismo?[254]

Los partidarios del concretismo "merológico" no ignoran los desafíos y no carecen de respuesta. Oliver D. Crisp y otros las han tenido en cuenta, así como otras objeciones adicionales. Tratándolas en orden inverso, interesa ver que las explicaciones concretistas aumentan las inquietudes acerca del nestorianismo. Pero, aunque el estudioso concretista de cristología puede admitir que parte del lenguaje común (de "la naturaleza humana de Cristo" como la unión ya realizada de cuerpo y alma) pueda sonar a nestorianismo (o algún tipo de cuasi-nestorianismo) a los oídos modernos, no está tan claro que el modelo en sí se salga de los límites de la ortodoxia de los credos. Si nos ocupamos del "problema del aislamiento", es importante tener claro qué implica y qué no el modelo en sí mismo. El modelo en sí no requiere que la naturaleza divina esté herméticamente separada de la naturaleza humana, y el teólogo que, por ejemplo, no esté comprometido con tales interpretaciones clásicas de los atributos divinos, como la simplicidad y la impasibilidad, podría mantener el modelo. Dicho de otro modo, no hay nada en el modelo en sí que estipule exactamente qué atributos se transfieren (de la parte al todo, o de una parte a otra parte). Pero también es importante ver que el hecho de que este modelo pueda servir para apoyar una sólida doctrina de la encarnación, a la vez que se mantiene fiel a las doctrinas de la tradición clásica, no menoscaba su ortodoxia. En cualquier caso, cuesta ver cómo esto pueda ser un obstáculo para alguien que quiera ser coherente con la doctrina ortodoxa de los credos.

Pero ¿qué hacemos con la objeción de que los modelos "merológicos" implican que la persona del Hijo encarnado ya no es idéntica a la persona de quien simplemente es el Hijo? El principal problema parece ser que, si el Logos y la naturaleza humana de Cristo *se fusionan* para formar a Dios Hijo, entonces –según la identidad clásica– Dios-Hijo-Cristo-encarnado, no es idéntico a Dios Hijo o la humanidad es necesaria (*de re*) y, por tanto, esencial para el Hijo. O sea, que Dios Hijo no sería el mismo que Jesucristo, o la humanidad sería necesaria y esencial para Dios Hijo. ¿Qué hacemos, entonces? Bueno, si el Logos y la

252. Thomas P. Flint, "Should Concretists Part with Mereological Models of the Incarnation?," en Marmadoro y Hill, *Metaphysics of the Incarnation*, p. 73.

253. *Ibíd.*, p. 81.

254. P. ej., Thomas Senor, "The Compositional Account of the Incarnation," *Faith and Philosophy* (2007): 53.

naturaleza humana (cuerpo y alma) de Cristo realmente se fusionan para formar el Hijo eterno, entonces puede haber un problema. Pero el concretista partidario de la ortodoxia clásica no tiene por qué sostener que la humanidad forma parta de la composición *del Hijo*. De hecho, un concretista *no debería* hacerlo. El Logos (que *es*, según la idea clásica de identidad, el Hijo eterno del Padre) se fusiona con la naturaleza humana para formar a Jesucristo. Entonces, la persona del Hijo es Jesucristo, y esto es lo que requiere la ortodoxia de los credos.

Algunos concretistas (puede que el más famoso sea Juan Duns Scoto) son bastante sensibles a tales inquietudes y piensan de manera más explícita según un modelo de encarnación "sujeto-accidente". Los modelos de "sujeto-accidente" también funcionan con una versión de reduplicación, pero también niegan que sea una *mera* reduplicación. Con las otras propuestas concretistas (y de los partidarios de lo abstracto), los concretistas del sujeto-accidente también piensan que Cristo como divino es eterno y tiene existencia necesaria, pero como humano nace en el tiempo y existe de manera contingente. Pero en este sentido, la expresión "como" actúa, en palabras de Marilyn Adams, porque "separa el predicado".[255] De esa manera, "el etíope es blanco en lo que respecta a sus dientes" no implica que el predicado sea blanco; la "blancura" no describe al etíope (no es el calificativo adecuado). No nos lleva a concluir que el etíope es blanco; lo que significa más bien es que el etíope tiene los "dientes blancos". Pero tampoco hablamos simplemente de los dientes en sí mismos; como dice Richard Cross: "El etíope, no sus dientes, tiene los dientes blancos".[256] De modo que, "Cristo, como humano" es una criatura, lo cual no implica que Cristo *es* una criatura. Lo único que implica es que la humanidad de Cristo es creada. Algunos críticos aún pueden aducir que el modelo de sujeto-accidente, a pesar de toda su sofisticación, sigue sin superar la prueba de la ortodoxia calcedonia, porque parece llevar implícito que el Verbo divino no tiene la naturaleza humana de la misma manera que la tenemos nosotros. Pero está claro que, según cualquier cristología ortodoxa, no debemos concluir que la humanidad de Cristo es *exactamente como* la de cualquiera de nosotros. Porque aquí, el concretista, así como el defensor de lo abstracto, puede apelar a las distinciones de Morris. Al hacerlo, el partidario del concretismo puede subrayar que los credos solo enseñan que Cristo es *esencialmente* humano (y no *meramente* humano), y aunque está claro que tener la naturaleza humana de manera "normal" es un atributo común de la humanidad, no es requisito ontológico que sea un atributo *esencial*. En otras palabras, lo que es esencial para Cristo es *ser hombre*, no *ser meramente hombre* o *ser hombre de modo normal* (sea lo que sea, exactamente, ser hombre de modo "normal"). Adams concluye que, según el punto de vista concretista, el Logos divino es el sujeto último de las acciones humanas de Cristo

255. Adams, *Christ and Horrors*, p. 133.
256. Cross, *Metaphysics of the Incarnation*, p. 204.

debido a la dependencia ontológica de la humanidad del Logos divino; el predicado se refiere, pues, a la persona del Verbo según la naturaleza. "¡En general, 'el Verbo divino es F-como-Dios y no-F-como-hombre "parece mantener el carácter de cada uno y evita las contradicciones! ¿No era este el resultado deseado?".[257]

Conclusión. De lo anterior se evidencia que no hay un consenso claro sobre el camino a seguir, y que el trabajo en cristología aún no se ha completado. Como dice Cross, "El debate moderno en teología filosófica sobre la doctrina de la Encarnación todavía está en cierta medida avanzando".[258] Quedan muchos temas que aún requieren consideración: la cuestión de si Cristo asumió o no una naturaleza humana "caída", cuestiones relacionadas con la "necesidad" y la "compatibilidad" de la encarnación, las doctrinas de la concepción virginal y la ascensión corporal, y la relación de la persona de Cristo con su "obra" (por nombrar solo algunas) piden ser investigadas más detalladamente.[259] La unanimidad sobre la mejor manera de entender la metafísica de la encarnación no existe. Al mismo tiempo, sin embargo, hemos de reconocer la vitalidad y la naturaleza irresistible de la doctrina. Los intentos de demostrar que es absurda aún no han tenido éxito; de hecho, como hemos visto, hay más de una forma de contrarrestar las objeciones a la vez que se satisfacen los requisitos de la ortodoxia. Además, la fuerza religiosa y la naturaleza irresistible de la doctrina siguen siendo potentes. ¿Pero, acaso las opciones son tan amplias que prácticamente cualquier cosa puede tenerse por ortodoxo? ¿O es posible que la historia del dogma pueda guiarnos y organice nuestra labor cristológica?

III. "¿SOY MI CUERPO, PARTIDO POR TI?" LA CRISTOLOGÍA FISICALISTA A ESTUDIO

Mientras que el último caso que estudiamos mostró cómo la teología analítica, que bebe de la tradición de la doctrina cristiana, tiene los recursos para responder a las críticas que se le hacen a la doctrina clásica de la encarnación, esta toma un enfoque diferente: el caso que vamos a estudiar muestra cómo la teología analítica alimentada por la ortodoxia cristiana clásica puede tratar de cuestionar y corregir una propuesta analítica reciente.

257. Adams, *Christ and Horrors*, p. 133. En relación con las otras inquietudes sobre las propuestas de Adams, ver Michael C. Rea, introduction to *Oxford Readings in Philosophical Theology*, vol. 1, *Trinity, Incarnation, and Atonement*, ed. Michael C. Rea (Oxford: Oxford University Press, 2009), p. 13.

258. Richard Cross, "The Incarnation," en Flint y Rea, *Oxford Handbook of Philosophical Theology*, p. 470.

259. Ver la lista de Gerald O'Collins, "The Incarnation: Critical Issues," en Davis, Kendall y O'Collins, *The Incarnation*, pp. 1-27.

La cristología fisicalista de Merricks. La doctrina de la encarnación ocupa el centro de la fe cristiana histórica. Durante siglos, los cristianos han entendido que el Logos eterno, la segunda persona de la Santísima Trinidad, se hizo hombre sin dejar de ser divino. La fórmula de Calcedonia nos da la formulación histórica de esta doctrina. Brian Leftow resume así la declaración doctrinal: "Que la ortodoxia calcedonia implica una persona, Dios Hijo, que tiene dos naturalezas, la divina y la humana".[260] Naturalmente, tales declaraciones plantean todo tipo de preguntas y generan varios modelos metafísicos sobre la posibilidad de la encarnación.

Una propuesta reciente y muy interesante es la siguiente: en la encarnación, el Hijo se identifica con el *cuerpo* de Jesucristo. Trenton Merricks argumenta enérgicamente a favor de esta afirmación. Merricks reconoce que se puede decir que los modelos "composicionalistas" son "la teoría históricamente dominante", pero los descarta porque es difícil ver cómo sus explicaciones pueden evitar ser nestorianas (porque no es capaz de ver cómo la naturaleza humana individual asumida por Cristo pueda evitar ser una persona aparte).[261] Como fisicalista convencido, está seguro de que el Hijo encarnado "tiene un cuerpo en el mismo sentido que tú y que yo" y, de hecho, está relacionado con su cuerpo del mismo modo que cada ser humano lo está con el suyo.[262] Además de otras razones para rechazar el dualismo mente-cuerpo,[263] piensa que la encarnación en sí misma "es sospechosa de dualismo".[264] En cambio, Merricks respalda la cristología fisicalista: "Tú tienes un cuerpo si —y solo si— eres idéntico a ese cuerpo". Entiendo que, en la encarnación, la relación de Dios Hijo con el cuerpo de Jesús es la misma que la que tú y yo tenemos con nuestros respectivos cuerpos. Entonces, según el fisicalismo, en la encarnación, Dios Hijo se identifica con el cuerpo de Jesús. Es decir, al hacerse hombre, se convirtió en un cuerpo".[265]

Ser idéntico al cuerpo no quiere decir que no haya propiedades menta-les; Merricks piensa que su versión del fisicalismo coincide con el "dualismo de atributos".[266] Sin embargo, el fisicalismo "demanda que ser idéntico a un cuerpo (y tenerlo) sea necesario para convertirse en humano".[267] Concluye que "la encar-

---

260. Leftow, "Humanity of God," p. 20.

261. Trenton Merricks, "Dualism, Physicalism, and the Incarnation," en *Persons, Human and Divine*, ed. Peter van Inwagen y Dean Zimmerman (Oxford: Oxford University Press, 2007), p. 282 n. 1.

262. *Ibíd.*, p. 282.

263. P. ej. Trenton Merricks, "The Resurrection of the Body and the Life Everlasting," en *Reason for the Hope Within*, ed. Michael J. Murray (Grand Rapids: Eerdmans, 1999), pp. 261-86.

264. Merricks, "Dualism, Physicalism, and the Incarnation," p. 292.

265. *Ibíd.*, p. 29.

266. *Ibíd.*, p. 295.

267. *Ibíd.*, p. 298.

nación nos conduce al fisicalismo" y esto "da a los cristianos buenas razones para ser fisicalistas".[268]

A continuación, sostengo que la conclusión de Merricks es demasiado apresurada. Quedan pendientes cuestiones teológicas importantes para quien sea partidario de la cristología fisicalista de Merricks, y hay que trabajar más antes de que se llegue a una conclusión. Aunque sus críticas a la cristología dualista son interesantes e importantes, aquí no me centro en ellas.[269] En cambio, planteo dos grandes desafíos para la propuesta de Merricks: hay que trabajar más para demostrar que es en verdad coherente, y hay que trabajar más para demostrar que puede ser tan ortodoxa como coherente.

Problemas de coherencia. Merricks dice que Dios Hijo (DH) en la encarnación es idéntico al cuerpo de Jesucristo (C).[270] A Alvin Plantinga le preocupa tal cristología fisicalista. Señala que "sin embargo, antes de la encarnación, la segunda persona de la Trinidad no era un objeto material, sino un ser inmaterial. Pero si, como afirman los materialistas, ser hombre implica una materialización, entonces la segunda persona de la Trinidad tiene que haberse convertido en un objeto material [...] entonces, un ser inmaterial se convirtió en un objeto material, y esto me parece imposible".[271] Porque como es "evidentemente imposible" que "el número siete o que $7 + 5 = 12$, o la propiedad de autoejemplificación, todos ellos objetos inmateriales, puedan convertirse o volverse objetos materiales", es igualmente "menos evidentemente imposible –pero aún imposible, me parece a mí– que la segunda persona de la Trinidad, ese ser personal con voluntad, intelecto y afectos pueda convertirse en un objeto material".[272] Brian Leftow coincide en esto; está convencido de que "las cristologías materialistas son un fracaso", ya que parece "totalmente imposible" que algo "tan importante como el alma" se convierta en algo "tan importante como una piedra".[273]

Aunque ni Leftow ni Plantinga expliquen sus inquietudes con gran detalle, no es tan difícil ver aquí que como mínimo afloran algunos problemas. Si la

---

268. *Ibíd.*, p. 299.

269. Sobre estas críticas, ver Jessica Wilson, "Physicalism and the Incarnation," documento inédito (desafortunadamente); y Luke Van Horn, "Merricks's Soulless Savior," *Faith and Philosophy* (2010): 330-41.

270. Merricks, "Dualism, Physicalism, and the Incarnation," pp. 294-95. Merricks dice también que "el fisicalismo equipara *convertirse en* con tener un cuerpo necesario para llegar a ser humano", p. 298 (énfasis mío). La expresión *convertirse en* idéntico plantea otros problemas de coherencia, pero no me ocuparé de ellos aquí.

271. Alvin Plantinga, "On Heresy, Mind, and Truth," *Faith and Philosophy* (1999): 186.

272. *Ibíd.*

273. Leftow, "Humanity of God," p. 21.

identidad es ser uno mismo y es reflexiva, transitiva y simétrica, es una relación de equivalencia que satisface la ley de la indiscernibilidad de los idénticos de Leibniz:

(LL) Para cualesquiera objetos x e y, si x e y son idénticos, entonces, para cualquier propiedad P, x tiene P si, y solo si y tiene P.

$$(\forall x)\,(\forall y)\,(x = y \Rightarrow (\forall P)\,(P\,[x] <=> P\,[y])$$

Por tanto, si DH y C son realmente idénticos, si DH tiene alguna propiedad P, entonces C tendrá también P.

$$[DH = B \Rightarrow (\forall P)\,(P\,[DH]) <=> P\,[B])]$$

Y, naturalmente, si C tiene cierta propiedad P^*, entonces DH también tendrá esa propiedad $P\,^*$. No hay que mirar muy lejos para ver los problemas que se avecinan. Presumiblemente, si como segunda persona de la Trinidad, DH tiene los atributos de aseidad y existencia eterna (o eternidad); podemos decir que DH tiene el atributo E: *disfruta de una existencia eterna y sin principio*. Pero si DH posee tal cosa, y si DH es en realidad idéntico a C, entonces C también ha de tener E. Por otro lado, el C humano presumiblemente existe de manera dependiente, y es seguro que C —objeto físico u organismo— ha adquirido existencia. Piensa en una propiedad S: *comenzó a existir como un embrión en el seno de María*. Posiblemente, C tiene S. Y si DH es idéntico a C, entonces DH también ha de tener S. Pero no es tan exagerado pensar que E y S son contradictorios; si es así, entonces si DH tiene S, entonces DH no puede tener E.[274] Podemos acumular ejemplos: DH existe necesariamente mientras que C existe de manera contingente; DH es omnisciente mientras que C posee un conocimiento limitado; DH es omnipotente, mientras que C no puede levantar pesas de, digamos, más de 200 kilos; DH es omnipresente pero C está físicamente limitado (a por ejemplo, 1,70 de altura y 65 kilos de peso); DH es inmaterial mientras que C es material; y así sucesivamente. El problema básico debería ser obvio.

Hay, naturalmente, una forma bastante común de emplear y comprender expresiones como que "X se hizo Y". Desde esta perspectiva, si decimos que "X se hizo en Y", no estamos diciendo que X se haya hecho idéntico a Y. En vez de eso, presuponemos que hay identidad metafísica y después hablamos de varias clases de cambios. Presuponiendo la identidad de X e Y, solo hablamos de cambio (de tiempos y, quizás, de mundos). Solo queremos decir algo así como que "el niño se hizo futbolista además de jugar al béisbol", que "el niño dejó de jugar al béisbol y comenzó a jugar al fútbol", o que "el segunda base es ahora el *quarterback*"[275] (o

---

274. Independientemente de los desafíos que pueda afrontar la cristología clásica (concretista y composicional), tiene previstas respuestas (como la "especificación") para estos problemas.

275. En el béisbol, jugador de ataque o "mariscal de campo". N.T.

incluso algo así como que "el niño que juega al fútbol podría ser futbolista").[276] Por consiguiente, si DH = C, y puesto que claramente DH tiene *E*, no es correcto entonces decir que DH posee *S*. O, si insistimos en decir que DH tiene *S*, lo que realmente estamos diciendo es lo siguiente: que el Hijo *no* comenzó a existir *simpliciter,* sino que *comenzó a existir-en-el-seno-de-María;* el Hijo no llegó a existir en el seno de María, sino que solo "se mudó" y comenzó a existir *allí.*[277]

Entendiéndolo así (que es como creo que debemos hacerlo), cuando Merricks dice que DH es igual a C, lo que realmente quiere decir es que el ente que es ya y siempre idéntico a DH ha cambiado de ~C a C. El Hijo era DH-en-tanto-que-~C y después cambió a DH-en-tanto-que-C. En mundos posibles (y en periodos de tiempo adecuados dentro de esos mundos) en los que DH se encarna, DH se transforma en C. Puede que esta dinámica ayude; que quizás aminore los problemas de incoherencia. ¿Es DH entonces omnisciente, pero C no lo es (ver Mr 13:34)? Bueno, DH es omnisciente en algunos mundos (y tiempos) posibles, pero no cuando se convierte en C. Entonces, por ejemplo, en determinados momentos en la galaxia de los mundos posibles en los que DH se encarna, DH no es omnisciente, y solo conoce lo que un judío del primer siglo (con el intelecto de C y una educación normal) conocería, pero en otros mundos posibles (o en tiempos previos a su encarnación en este) DH sería omnisciente.

¿Ayuda tal estrategia a la teoría de Merricks? Quizás. Pero no está nada claro que esta idea de la "identidad" satisfaga realmente las pretensiones teológicas de Merricks, ya que nadie se relaciona de este modo con su cuerpo. Según Merricks, ninguno de nosotros, preexiste a su existencia corporal en modo no físico. Pero DH sí. Para el fisicalismo, las personas no preexisten a sus cuerpos; no hay nadie que sea, o haya sido, distinto de su cuerpo. Pero para la cristología fisicalista, hay una persona (DH) que es preexistente a su cuerpo y que es, o, mejor, que *era*, distinto a su cuerpo. En consecuencia, ¿cómo puede ser que "Dios Hijo, en virtud de su encarnación, se relacione con su cuerpo tal como tú y como yo nos relacionamos con nuestros cuerpos respectivos", o "se relacione con su cuerpo tal como todos y cada uno de los seres humanos se relaciona con su cuerpo?"[278]

Como otra posibilidad, quizás deberíamos adoptar el perdurantismo y, por ejemplo, pensar según la teoría de los segmentos.[279] Por consiguiente, DH

276. Un modo de hacerlo es modificando la "Ley de Leibniz" (de la indiscernibilidad de los idénticos) para explicar los cambios en los tiempos y mundos. Ver Michael J. Loux, introducción a *The Possible and the Actual: Readings in the Metaphysics of Modality*, ed. Michael J. Loux (Ithaca, NY: Cornell University Press, 1979), pp. 42-43.

277. Tal como Mike Rea me ha señalado, el punto de vista de Merricks lleva a la conclusión de que el "embrión" es (al menos en este caso) una fase identificable.

278. Merricks, "Dualism, Physicalism, and the Incarnation," pp. 281-82.

279. Sobre la teoría de los segmentos (y, de manera más general, del cuatridimensionalismo), ver Michael C. Rea, "The Metaphysics of Original Sin," en *Persons: Human and Divine,*

es idéntico a DH-en-tanto-que--C en su totalidad por medio del *Continuum* de DH-en-tanto-que-C; las partes temporales previas de DH son -C mientras que las partes temporales posteriores de DH son C. Pero esto tampoco parece estar tan claro, ya que según esta explicación no está claro cómo DH puede, en sentido estricto, ser igual a C (si DH es igual a DH-en-tanto-que--C entero por medio del *Continuum* DH-en-tanto-que-C, entonces no es idéntico a alguna de sus partes temporales).[280] Pero si no es idéntico a C, entonces no se relaciona con su cuerpo tal como lo hacemos nosotros. Por tanto, una vez más, no se cumplen las principales pretensiones de Merricks.

Es evidente que queda mucho por hacer en la cristología fisicalista. Si se dieran los *suficientes* ajustes teológicos, quizás podría llegar a ser coherente. Pero hay que ser cautos: porque si los ajustes teológicos son *excesivos*, costará más cuadrar esta cristología fisicalista con Calcedonia.

Otras cuestiones teológicas: cristología fisicalista y Calcedonia. Merricks nos dice que su intención es mantenerse dentro de los parámetros de la definición de Calcedonia.[281] No solo desea con claridad que su propuesta cristológica sea coherente y significativa, sino también teológicamente ortodoxa.[282] Ahora las cosas comienzan a ponerse teológicamente interesantes, pero hay varias áreas que requieren ser estudiadas mejor.[283]

Para la ortodoxia católica, DH debe seguir siendo *DH* aun siendo C. Si DH se transforma en C de modo que ya no hay DH sino solo C, entonces Jesucristo no es en absoluto Dios y no hay encarnación de la que hablar. El mismo DH divino preexistente a C debe seguir siendo divino incluso siendo C. Pero ¿cómo hemos de entender la naturaleza divina en tanto que *naturaleza divina de C*? Merricks acepta que las personas físicas puedan tener propiedades no físicas; su producto fisicalista tendrá atributos mentales (y por tanto coincide con el "dualismo atributivo").[284] Merricks rechaza totalmente cualquier teoría que lleve a pensar que C genera la divinidad.[285] Lo que sugiere es que podemos poseer atri-

---

ed. Peter van Inwagen y Dean Zimmerman (Oxford: Oxford University Press, 2007), pp. 335-38; Michael C. Rea, "Four Dimensionalism," en *The Oxford Handbook of Metaphysics*, ed. Michael J. Loux y Dean W. Zimmerman (Oxford: Oxford University Press, 2003), pp. 246-80; Theodore Sider, "Four-Dimensionalism," *Philosophical Review* (1997): 197-231; Sider, *Four-Dimensionalism* (Oxford: Oxford University Press, 2001).

280. Como argumenta Van Horn, "Merricks's Soulless Savior," p. 339.

281. Merricks, "Dualism, Physicalism, and the Incarnation," p. 281.

282. *Ibíd.*, pp. 292-93.

283. El apolinarismo ha recibido la mayor parte de la atención por este punto. Ver Oliver D. Crisp, *God Incarnate: Explorations in Christology* (New York: T & T Clark, 2009), pp. 137-54.

284. Merricks, "Dualism, Physicalism, and the Incarnation," p. 295.

285. *Ibíd.*, p. 283 n. 5.

butos que no son ni físicos ni mentales, y que lo mismo puede suceder con el Hijo encarnado.[286] Sobre cómo se relaciona C con la naturaleza divina, no tenemos, sin embargo, una dirección clara.

La Fórmula de Calcedonia incluye estas expresiones negativas: *inconfundibles, sin cambios, indivisibles, inseparables.* La cristología de Merricks no está lo suficientemente desarrollada como para ayudarnos mucho en esto. Puede que madure, pero en este punto, no es fácil saber qué hacer con ella. Se plantean algunas cuestiones. Pensemos en la expresión *inconfundibles:* la naturaleza divina y la naturaleza humana de Cristo no se confunden. Son distintas y sus atributos también lo son. Pero si en la encarnación hay *solo C,* entonces, ¿qué más hay allí de Jesús más allá de su humanidad? Recordemos que Merricks dice que las personas físicas pueden tener propiedades mentales que no podemos reducir a propiedades físicas, y además, que tanto Jesús como todos nosotros también podemos tener algunas propiedades que no son ni físicas ni mentales. Entonces, quizás, aunque C sea todo cuanto hay de naturaleza humana en el Hijo encarnado, este Hijo encarnado también conserva la naturaleza divina. Pero Merricks no dice mucho sobre nada de esto, por lo que es difícil saber qué hacer con ello. Si DH = C (en la encarnación), ¿disfruta entonces C de omnipresencia? ¿Qué significa entonces que las naturalezas son inconfundibles?

O pensemos en la conocida declaración de que las naturalezas de Cristo son *sin cambios.* La frase que sigue lo aclara: "la diferencia de naturalezas en ninguna manera desaparece debido a la unión, antes bien, se preserva el carácter distintivo de cada naturaleza". En la teoría de Merricks seguimos sin saber lo que esto significa. Pero merecerá la pena calcular el coste antes de concluir que la cristología fisicalista supera a otros modelos, y afirmar que la cristología fisicalista es claramente superior a la de sus primos dualistas parece prematuro sin haber hecho balance de costes y comparación de precios. Entonces: ¿qué quiere decir para la cristología fisicalista que las naturalezas de Cristo son sin cambios?

Es posible que la cristología fisicalista cumpla con la letra de la norma calcedonia, y que lo haga con una aceptable doctrina de Dios aún intacta. (Quizás deba mantenerse la pregunta de si tal cosa puede hacerse y de cuál sea esa doctrina de Dios). Puede que incluso honre el espíritu de Calcedonia. Aun así, sigue sin estar claro que resuelva todo el rompecabezas (aparentemente) de las propiedades contradictorias. Es evidente que queda mucho por hacer.

Un problema teológico: la cristología fisicalista y la resurrección de Jesús. Merricks dice que DH ha de relacionarse con C tal como tú y yo nos relacionamos con nuestros cuerpos. Sobre la muerte física también dice: "El fisicalismo dice que una persona no existe entre la muerte y la resurrección".[287]

---

286. *Ibíd.,* p. 295.
287. *Ibíd.,* p. 295 n. 18.

En otro sitio, en un trabajo sobre la resurrección, dice: "Así que, si estoy en lo cierto, dejarás de existir cuando mueras, y después, en el día de la resurrección, volverás a existir".[288] ¿Qué significa esto con respecto a la cristología? A primera vista, parece querer decir que el Hijo ya no existe tras exhalar su último aliento; cuando dice: "En tus manos encomiendo mi espíritu" (Lc 23:46), eso es lo que le sucede. Porque si DH es en realidad idéntico a C, y C ya no existe, entonces DH no existe "tampoco". Según esta explicación, no habría habido *descensus*. No habría *Extra Calvinisticum* (o *Extra Catholicum*).[289] La encarnación del Hijo no podría mantenerse mientras estuvo en el sepulcro. Las palabras de esperanza y la promesa de Cristo al ladrón en la cruz, "hoy estarás conmigo en el paraíso" (Lc 23:43) no tendrían sentido. Y no habría habido Trinidad, al menos no en lo que va desde la muerte de Cristo hasta su resurrección o, al menos, no necesariamente. Porque si DH = C, y C no existe, entonces DH tampoco existe; si "una persona" idéntica a la segunda persona de la Trinidad no existe, entonces la segunda persona de la Santísima Trinidad no existe.

Pero Merricks también dice lo siguiente: "Pero quizás una persona física, un organismo humano, podría volverse no físico (y supuestamente no humano) al morir y continuar existiendo en ese estado hasta recuperar su estado físico de nuevo en la resurrección".[290] Tal sugerencia es desconcertante *in excelsis* (usando la expresión del propio fisicalismo). Si una persona pierde su estado físico, pero sigue siendo humana, ¿no será que el fisicalismo está enarbolando la bandera blanca? Merricks parece darse cuenta de ello y se muestra reticente a conceder tanto (de ahí lo de "y supuestamente no humano"). Por otro lado, si la persona pierde tanto su estado físico como su carácter humano, nos preguntamos entonces qué cosa será ese ente en este mundo (o en cualquier otro). Según su teoría, una persona física u organismo humano solo es contingente físicamente y accidentalmente humano en lugar de serlo esencialmente. Y entonces, tal persona no será realmente de ningún modo idéntica a su cuerpo. Porque si la persona tiene cierta propiedad

288. Merricks, "Resurrection of the body", p. 284 n. 24. Merricks también dice que "si somos idénticos a nuestros cuerpos, entonces no existimos cuando nuestros cuerpos no existen. Por tanto, si el fisicalismo está en lo cierto, en algún momento entre la muerte y la descomposición total del cuerpo, uno deja literalmente de existir", p. 284. No está del todo claro cómo encaja esto con otras de sus declaraciones, pero quizás el "en algún momento entre" es importante aquí para la cristología, puede que los tres días en el sepulcro estén dentro de ese período fundamental.

289. Se refiere a los teólogos reformados (siguiendo la tradición católica) que insisten en que el Logos trasciende la naturaleza humana de Cristo en y durante la encarnación. Richard A. Muller lo resume así: "Los reformados defendían que el Verbo está completamente unido pero nunca totalmente contenido dentro de la naturaleza humana y, por tanto, incluso en la encarnación, es concebido como más allá o externo (*extra*) a la naturaleza humana; *Dictionary of Latin and Greek Theological Terms: Drawn Principally from Protestant Scholastic Theology* (Grand Rapids: Baker, 1985), p. 111.

290. Merricks, "Dualism, Physicalism, and the Incarnation," p. 295 n. 18.

S: que *sobrevive a la disolución del cuerpo,* pero el cuerpo no tiene *S*, entonces la persona y el cuerpo no son lo mismo. Además, la persona solo se relacionaría con el cuerpo de manera accidental. Está claro que estas no son buenas noticias para el fisicalismo.

Volviendo a los problemas netamente cristológicos, parece que el Hijo no estaría encarnado entre la crucifixión y la resurrección. Aún existe (una vez más como DH *simpliciter*), pero ya no está encarnado. Sea lo que sea aquello que con exactitud el ladrón arrepentido llegue a ser tras exhalar su último aliento, cuando Jesús le dice "hoy estarás conmigo en el paraíso", está claro que no puede significar "*tú*-como-persona-humana estarás conmigo". Tampoco puede significar "estarás *conmigo-Jesús*" (sino más bien "conmigo-DH-no-encarnado").

La resurrección, equivaldría entonces, a una *reencarnación* literal.

Observaciones finales. Entiendo que hay diferentes propuestas metafísicas que pueden encajar en la ortodoxia clásica de los credos. Está claro que hay propuestas y sistemas metafísicos incompatibles con el cristianismo, pero estar dentro de la ortodoxia cristiana no exige estar adscrito a un sistema metafísico concreto y plenamente elaborado (platonismo, aristotelismo, etc.). Lo que digo aquí no ha de entenderse como una incitación a denunciar herejías ni nada parecido. De hecho, no soy totalmente contrario al fisicalismo cristiano; aunque todavía no estoy convencido, me inquietan algunos de los problemas sobre el dualismo. Hay algo en lo que dice Merricks sobre la resurrección del cuerpo y la vida eterna (en general) que me resulta atractivo. Pero, los pronunciamientos categóricos de Merricks sobre la superioridad de la cristología fisicalista me parecen muy prematuros. Hay cuestiones teológicas importantes que se le siguen planteando al defensor de la cristología fisicalista, y queda mucho –realmente, mucho más– por hacer antes de que podamos aceptar la cristología de Merricks. Ni siquiera sabemos aún si su perspectiva es coherente, y está claro que tampoco sabemos si puede ser coherente y ortodoxa a la vez.

IV. CONCLUSIÓN

En este capítulo he esbozado algunas formas de cómo la tradición cristiana podría funcionar en la teología analítica. Mediante el estudio de ciertos casos cristológicos, he tratado de ilustrar cómo, de alguna manera, la teología analítica podría ayudarnos a obtener una mejor comprensión y defensa de las afirmaciones cristológicas clásicas, y también me han servido para mostrar cómo las declaraciones confesionales y de los credos de la cristología clásica podrían enderezar o corregir algunas teorías cristológicas especulativas.

Capítulo 4

LA TEOLOGÍA ANALÍTICA PARA LA IGLESIA Y EL MUNDO

La teología es una de las funciones de la iglesia.

KARL BARTH[291]

I. LA TEOLOGÍA ANALÍTICA Y LAS PRETENSIONES EXPANSIVAS DE LA TEOLOGÍA CRISTIANA

Nicholas Wolterstorff señala que "en realidad, en el teólogo persiste el anhelo – admirable, desde mi punto de vista– de hablarle al mundo; de sanar al mundo".[292] Creo que lo que dice sobre los teólogos es cierto. Y que lo que dice sobre los teólogos *debería* ser verdad. Los teólogos deberían querer hablarle al mundo. Deberían desear la sanidad del mundo. En consecuencia, los teólogos analíticos deberían compartir estas inquietudes. Como teólogos, deberían soportar esa carga. Y deberían hacerlo gustosamente. Eso quiere decir, naturalmente, que la labor de la teología analítica no puede existir por razón de sí misma. Al contrario, juega un papel en la disciplina que quiere servir a la iglesia y cambiar el mundo. Estoy convencido de que tal cosa también significa que los límites de la teología analítica, los temas apropiados y las áreas legítimas de investigación, puede que necesiten ser ampliados y expandidos.

---

291. Karl Barth, *Church Dogmatics*, vol. I/1, *The Doctrine of the Word of God*, ed. T. F. Torrance, trad. Ing. Geoffrey Bromiley (Edinburgh: T & T Clark, 1975), p. 3.

292. Nicholas Wolterstorff, "To Theologians: From One Who Cares About Theology but Is Not One of You," *Theological Education* (2005): 83.

II. EL ADÁN HISTÓRICO Y LA CRISIS DE FE: A ESTUDIO EL DEBATE RECIENTE SOBRE CREACIÓN, EVOLUCIÓN Y DOCTRINA CRISTIANA

Durante muchos siglos, los cristianos han creído en la verdad de la siguiente historia, según la cual, Dios, que es omnipotente y misericordioso, crea *ex nihilo.* Crea un universo lleno de orden y propósito, y proclama que es *bueno.* En lo más alto o la cima de esa creación, toma materia ya creada, y de esa materia, forma criaturas a su imagen. Estas criaturas viven en un estado primario de *shalom,* y ejercen el dominio asignado por Dios y el cuidado benéfico sobre el paraíso primigenio. En justicia y santidad verdaderas disfrutan de comunión íntima con su Hacedor y de compañerismo mutuo. Entonces ocurre la tragedia: le dan la espalda y se rebelan. En una palabra, *caen.* Los resultados de su rebelión pecaminosa son devastadores, y tienen implicaciones cósmicas. La humanidad ahora sufre los efectos de su caída y el resultado es alienación. La alienación no hace prisioneros y no deja nada intacto: los seres humanos se ven ahora alienados de Dios, el uno del otro y, verdaderamente, del resto de la creación. Con la alienación llega el sufrimiento y la muerte para la humanidad. La historia continúa, claro, porque el pecado nunca tiene la última palabra en la meta-narrativa cristiana. Porque el Dios trino interviene eligiendo a Israel de manera definitiva mediante la encarnación de su propio Hijo, y de modo continuo por la presencia del Espíritu en la iglesia y en el mundo, para redimir a su pueblo y, de hecho, renovar a toda la creación.

No es sorprendente que los cristianos discrepen en su manera de entender algunos de los detalles de la historia. Pero en general, por lo menos, han creído en su veracidad. También la ven muy llena de significado –entendiendo que sirve para dar sentido tanto de la belleza y ruptura de este mundo como de un motivo para la esperanza. Pero hay otro relato, y es una narrativa que muchos consideran el enemigo irreconciliable del relato cristiano tradicional y común. Según este relato, las cosas son radicalmente diferentes. El mundo nunca fue un lugar de *shalom*, y no había personas humanas originales tal como se las describe en la historia del Génesis. Los seres humanos comparten una herencia biológica y genética con otras especies de homínidos; no son ni básicamente diferentes, ni únicos. Además, la herencia genética y biológica los predispone al egoísmo radical y a otras inclinaciones que la tradición cristiana considera "pecaminosas". Y esas tendencias las han tenido desde "el principio". Los seres humanos no llegaron a existir por ninguna acción divina especial, ni existieron –en ningún momento– en ningún estado primitivo de inocencia. En cambio, siendo claros, son el resultado de fuerzas que los predeterminaron hacia comportamientos "pecaminosos". Hasta donde somos capaces de hablar sobre la responsabilidad moral de los primeros miembros de nuestra especie, parece que estos primates "inmaduros, biológicamente condicionados, intelectualmente ingenuos y confundidos" no podrían actuar de otra manera.[293] No hubo tal acto de "pecado original" que, de alguna manera, supuestamente, echara todo a perder (al menos no en un sentido remotamente parecido a la doctrina cristiana tradicional). Pero esto no sorprende tanto, después de todo, si no hubo pecadores originales entonces no es raro llegar a la conclusión de que no hubo pecado original.

Es fácil ver las diferencias profundas e irreconciliables que hay entre estos dos relatos. Tampoco se trata de temas intrascendentes; con todos sus desacuerdos, muchos partidarios de ambas partes coinciden en creer que estos temas realmente importan. A veces, el primer relato –el tradicional– se hace sobre bases "bíblicas", y cuantos puedan objetar o discrepar de él son acusados de rechazar ni más ni menos que la fe cristiana. Por otro lado, el segundo relato, el revisionista, dice tener un impresionante apoyo de la astronomía, la física, la geología, la paleo-antropología, la genética y la biología evolutiva.[294] De hecho, dado tal apoyo científico, "hoy en día sabemos que nadie, salvo los paletos más recalcitrantes, puede dar la más mínima credibilidad a tal relato (el tradicional)".[295]

Un reciente debate teológico sobre este controvertido tema nos proporciona una especie de caso de prueba. En él podemos ver cómo la teología analítica puede servir en la labor de la teología cristiana constructiva bajo la guía y la norma de las Escrituras, con atención y respeto a la tradición cristiana, conociendo y siendo fiel a los criterios humanos de conocimiento y significado.

Las líneas generales de la postura tradicional son bien conocidas, así que procederé a describir lo que llamaré el relato revisionista. A continuación, resumiré lo que denominaré la respuesta tradicionalista. Con estos antecedentes, estaremos en condiciones de ver cómo la teología analítica puede ser de ayuda.

Pecado original y pecadores originales: el relato revisionista. Daniel Harlow y John Schneider hacen una propuesta para responder a esos desafíos a los que se enfrenta la doctrina cristiana tradicional. Al representar a muchos de los trabajos recientes sobre el tema, merece un estudio más detallado. Ambos conocen bien los desafíos que la ciencia moderna plantea a la doctrina cristiana tradicional del pecado original. Como dice Harlow, "Estudios recientes en primatología, sociobiología y filogenética (así como en biología molecular)… (nos proporcionan) un abanico de pruebas que demuestran que prácticamente todas las acciones consideradas 'pecaminosas' en los seres humanos forman parte del repertorio natural de comportamiento entre los animales [...] comportamientos

---

293. John R. Schneider, "Recent Genetic Science and Christian Theology on Human Origins: An 'Aesthetic Supralapsarianism,'" *Perspectives on Science and the Christian Faith* (2010): 202.

294. Hud Hudson nos da un conciso resumen de tales afirmaciones, *The Fall and Hypertime* (Oxford: Oxford University Press, 2014), pp. 23-29.

295. *Ibíd.*, p. 36.

como el engaño, la intimidación, el robo, la violación, el asesinato, el infanticidio y la guerra" son muy naturales.[296] De hecho, "más que infectar al resto de la creación animal con comportamientos egoístas, los seres humanos heredamos estas tendencias de nuestro pasado animal".[297] Además, están convencidos de que la ciencia actual demuestra de manera concluyente que la vida humana es homóloga a otro tipo de vida: "es decir, similar porque se deriva de un origen común".[298] Harlow y Schneider consideran que estas afirmaciones son indubitables. También son conscientes de lo que está en juego en el debate sobre tales asuntos. Por un lado, saben que lo que la ciencia moderna afirma parece "entrar en conflicto con las doctrinas que conforman la enseñanza protestante clásica sobre la caída histórica [...] (doctrinas que están) firmemente arraigadas en las principales confesiones denominacionales, y [...] son las líneas maestras del entramado lógico de la teología protestante en su conjunto".[299] Pero también demuestran un compromiso fundamental por "actualizar" el cristianismo de acuerdo con la modernidad última en aras de la respetabilidad. Por eso, Harlow dice: "Para que el cristianismo siga siendo intelectualmente creíble y culturalmente relevante, debe estar dispuesto a revisar –y por tanto enriquecer– su formulación de doctrinas clásicas si los hallazgos demostrados de la ciencia demandan tal revisión".[300]

Entonces, ante tales desafíos a la doctrina tradicional, ¿qué pueden hacer los cristianos? Harlow presenta varias posibilidades: (1) la posición conocida como creacionismo de la tierra joven sostiene que Adán y Eva son "antepasados recientes"; (2) los llamados creacionistas de la tierra antigua dicen que "Dios creó los seres humanos hace unos 150 000 años, y después seleccionó un par de ellos hace unos 10 000 años para representar a toda la humanidad; lo que haría que Adán y Eva fueran *representantes recientes*"; (3) otros ven a Adán y Eva como "*antepasados antiguos*: un par de homínidos evolucionados a quienes Dios seleccionó y modificó milagrosamente convirtiéndolos en los primeros *homo sapiens*" o igualmente como "representantes antiguos".[301] Cada uno de estos puntos de vista tienen en común lo que Schneider denomina "concordismo", que él describe como la opinión de "que para cualquier afirmación verdadera de la ciencia (o cualquier afirmación verdadera), no *puede* existir ningún conflicto lógico entre ella y *cualquier* afirmación de la Escritura. En otras palabras, es necesariamente cierto que hay una concordancia positiva entre las declaraciones verídicas de la ciencia y las declaraciones

---

296. Daniel Harlow, "After Adam: Reading Genesis in an Age of Evolutionary Science," *Perspectives on Science and the Christian Faith* (2010): 180.

297. *Ibíd.*

298. Schneider, "Recent Genetic Science," p. 202.

299. *Ibíd.*, p. 196.

300. Harlow, "After Adam," p. 192.

301. *Ibíd.*, p. 181 (énfasis original).

de la Escritura, entendidas correctamente, de ahí el término 'concordismo'".[302] La propuesta de Schneider-Harlow rechaza que el "concordismo" sea adecuado para tratar lo que dice la ciencia.[303] En su lugar, proponen que tomemos a Adán y Eva como "figuras estrictamente literarias –personajes de una historia divinamente inspirada sobre el pasado imaginado que intenta enseñar principalmente verdades teológicas, no históricas, acerca de Dios, la creación y humanidad".[304]

¿Qué aporta esta propuesta como posición doctrinal positiva sobre el pecado original? La posición que mantiene se opone firmemente a la "defensa del libre albedrío" como explicación de la caída en el pecado original. No podemos mirar al mundo destrozado que nos rodea, que sufre los efectos destructivos y sin sentido del pecado humano, y decir que la condición humana (y el mundo) en su estado actual "no es el que se supone que debería haber sido".[305] Lo que sí nos aporta es lo siguiente: una interpretación del texto bíblico que ve a Adán y Eva como personajes estrictamente literarios (*en vez de* históricos) del Génesis y que lo que Lucas y Pablo dicen está simplemente equivocado. Acepta con gusto las ideas de la sociobiología, donde encuentra un testigo independiente "del ineludible pecado humano y la incapacidad de los seres humanos para superar su tendencia heredada hacia el pecado".[306] Y expresa una teología que llega a la siguiente conclusión:

> Muchas de las cosas que la gente creía anteriormente que procedían del pecado humano, no proceden de él. Su origen está en la voluntad creadora y destructiva de Dios. El desorden del mundo, incluso la fea injusticia, existen porque, en un sentido que solo los poetas se atreven a describir, aunque Dios no apruebe la injusticia existente, Dios de manera extraña aprueba el mundo en el que, como *realidad*, existe la injusticia, y a veces en forma misteriosa hace que ocurra la injusticia como modo de liberar al mundo. Dicho de otro modo, Job tuvo siempre razón: quien lo mataba era Dios, y nadie más.[307]

La conclusión es un "supralapsarianismo estético": Dios determinó que este fuera un mundo de trabajo, sudor, sangre y lágrimas; *Dios* hizo inevitable el pecado y

---

302. Schneider, "Recent Genetic Science," p. 197 (énfasis original).

303. *Ibíd.*, p. 200.

304. Harlow, "After Adam," p. 181. Que el "concordismo" pueda estar de acuerdo o no con que Adán y Eva sean figuras estrictamente literarias está abierto a discusión, pero Harlow y Schneider lo dan por hecho.

305. Schneider polemiza contra Plantinga, p. ej., "Recent Genetic Science," pp. 208, 211 n. 40.

306. Harlow, "After Adam," p. 191.

307. Schneider, "Recent Genetic Science," p. 207.

la miseria, y así ha sido desde el principio. Pero Dios lo hizo para hacer posibles la encarnación y la expiación, y poder complacerse por la belleza de lo logrado al ser consumada. Este mundo, tanto en su pasado sangriento original como en su horrible presente, es exactamente como se supone que tiene que ser. Pero es lo que se supone que es solo en un penúltimo sentido, porque establece las cosas u organiza el cosmos para que Dios finalmente "pueda tener misericordia de todos".[308] Lo que queda de la doctrina del pecado original es el hecho (ahora respaldado por la sociobiología) de que los comportamientos egoístas dañinos son intrínsecos de la humanidad. No sobreviven propuestas tan venerables como que (1) el Adán y Eva históricos vivían en una inocencia y *shalom* pretendidas por Dios y después "cayeron"; que (2) su caída ha afectado a toda la humanidad al infectar nuestra naturaleza con el pecado; y (3) que toda la creación de alguna manera ha sido "excluida" por esta tragedia del Edén.

Podemos ver sus argumentos para apoyar esta propuesta en varios pasos. Primero, Harlow utiliza argumentos hermenéuticos y exegéticos para demostrar que la única manera de ver correctamente a Adán y Eva en Génesis 2–3 es entendiéndolos como "figuras simbólicas y literarias", y que "la mayoría de los intérpretes no encuentran las doctrinas de la caída y del pecado original en el texto de Génesis 2–3, sino únicamente en posteriores interpretaciones cristianas que se hacen de él".[309] Analiza el género literario de Génesis 1–11, y discute "la dependencia del Génesis de los mitos mesopotámicos y su refutación", y llega a la conclusión de que "lo que tenemos en Génesis no es revelación proposicional, sino teología narrativa".[310] Sostiene además que la existencia en Génesis 1–2 de dos relatos de la creación contradice su historicidad; su conclusión a este respecto es que, debido a que los relatos tienen "tantas discrepancias, ninguno de los dos puede ser tenido en cuenta como historia objetiva".[311] También habla bastante de los elementos simbólicos y literarios de Génesis 1-3, y concluye que tomar Génesis 2–3 "en sus propios términos", no nos lleva a ningún punto cercano a la doctrina cristiana clásica del pecado original.[312]

El siguiente paso es argumentar que, aunque Pablo y Lucas estaban equivocados acerca de la historicidad de Adán, en realidad no importa tanto, porque "el interés principal de Pablo es presentar a Cristo como una figura representativa, cuya obra afectó no solo a él mismo, sino a toda la raza humana", y por tanto "un Adán histórico no es esencial para su enseñanza".[313] Así que, si bien Jesús *es* una

308. Schneider cita Rom 11:32, *Ibíd.*, p. 208.
309. Harlow, "After Adam," p. 181.
310. *Ibíd.*, p. 185.
311. *Ibíd.*, p. 185.
312. *Ibíd.*, pp. 187-88.
313. *Ibíd.*, p. 190.

figura histórica, y aunque Pablo lo coloca exactamente en paralelo con Adán (en este y en otros aspectos, aunque no en todos), es algo accesorio al punto principal de Pablo. Entonces, para mantener el argumento principal de Pablo, concluye Harlow, no hace falta seguir creyendo en un Adán histórico.

El siguiente paso tiene que ver con la teología histórica. Aquí los partidarios de este punto de vista reconocen que lo que defienden es realmente revolucionario (al menos en "Occidente", dicen). Como Schneider admite, la fuerza de la tradición se opone diametralmente a su punto de vista. "Todas las denominaciones protestantes conservadoras han sacralizado la caída histórica, sea oficial o extraoficialmente, en sus confesiones, catecismos y declaraciones dogmáticas de fe".[314] Los partidarios de la perspectiva revisionista reconocen que su propuesta tiene implicaciones profundas que van mucho más allá de la interpretación de un pasaje de la Escritura (o de varios). Tales implicaciones afectan a las creencias cristianas más fundamentales sobre la dignidad y la depravación de la humanidad, y la perspectiva revisionista también tiene serias implicaciones en lo que respecta a la idea que tenemos de los propósitos de Dios y de la obra de Dios encarnado a nuestro favor.[315] Entonces, ¿qué nos aporta la propuesta de Harlow-Schneider? Su respuesta es la siguiente: si bien puede ser cierto que la mayor parte de la tradición latina acepta y cree en la opinión de que Adán fue un personaje histórico (que realmente cayó y cuya caída nos ha afectado a todos), hay elementos de la "tradición oriental", así como aportaciones minoritarias dentro del cristianismo occidental, que optan por una teología "supralapsaria". En otras palabras, aunque la mayor parte de la teología occidental (tanto protestante como católico-romana) ha asumido que la encarnación del Hijo de Dios fue una especie de "plan B" (o "plan de emergencia"), hay teólogos notables dentro de la tradición (Ireneo y Barth son los dos más importantes para Schneider) que insisten en que la encarnación fue siempre el plan original de Dios. Es decir, que para estos teólogos, la encarnación del Hijo era el "plan A".[316] El rédito histórico-teológico de tal afirmación parece ser este: que después de todo, hay algún apoyo a la propuesta revisionista en la tradición (o, más modestamente, que hay posiciones dentro de la tradición en las que la nueva propuesta puede encontrar un hueco).

La cuestión histórica, sin embargo, realmente solo (o mayormente) sirve para establecer la teológica. Schneider señala que, si bien la "doctrina de una caída histórica no es solo una línea maestra en la trama de la teología cristiana occidental [...] esta doctrina también proporciona el marco metafísico fundamental para otras versiones importantes de la teodicea cristiana, especialmente la defensa del

---

314. Schneider, "Recent Genetic Science," p. 200.

315. Ver Harlow, "After Adam," pp. 191-92.

316. Schneider, "Recent Genetic Science," p. 203.

libre albedrío".[317] Schneider dice que si Dios proporcionó a los seres humanos la libertad para que pudieran prosperar y desarrollarse, entonces el plan de Dios ha de ser considerado como un fracaso.[318] Lo que Schneider realmente busca, y lo que cree que consigue con su propuesta revisionista, es una teodicea aceptable. Una teodicea en la que la soberanía absoluta de Dios es contemplada de manera inigualable. Después de todo, Dios es el agente que hace que todo suceda de la manera pretendida, que acepta el mundo –con todo su hedor y suciedad– en "la forma como *fue* previsto que tenía que ser". Finalmente, un agente que no se preocupa tanto por la responsabilidad moral como por escapar de la miseria. Y puesto que esta miseria ha sido traída a todos *por* Dios, se supone que debemos estar seguros de que la misericordia también nos hará escapar de la miseria a todos.[319]

Justicia original y pecadores originales: la respuesta tradicional. C. John Collins defiende el punto de vista tradicional tan criticado por revisionistas como Harlow, Schneider y otros,[320] y lo hace siendo consciente de la complejidad de los problemas y la fuerza de los desafíos. Es consciente de los problemas hermenéuticos que están en juego; sabe que "hay temas en el Génesis que son equiparables a temas que encontramos en narraciones de otras culturas antiguas del Próximo Oriente"; y es consciente de que ciertos avances recientes en biología parecen alejarnos más de cualquier idea de una pareja humana original a través de la cual el pecado y la muerte aparecieron en el mundo. La historia evolutiva de la humanidad nos muestra que la muerte y los conflictos han sido desde los primeros momentos parte de la existencia en la tierra. Hace poco, ciertos descubrimientos sobre las características del ADN humano, parecen imponer que la población humana siempre haya tenido al menos mil miembros.[321]

No obstante, sigue defendiendo la posición tradicional. La estrategia de Collins abarca varios pasos. Primeramente, argumenta que en general la narrativa canónica de la teología bíblica no tiene sentido sin una primera pareja histórica y una "caída" histórica. Como él dice, "Cualquier narración de la historia bíblica ha de incluir la noción del *pecado*: los seres humanos están separados de Dios". En el relato bíblico, se les muestra como "unos intrusos extraños en la buena creación de Dios", y la historia de Adán y Eva es la forma que la Biblia tiene para describir "cómo esos intrusos entraron por primera vez a formar parte de la experiencia

---

317. *Ibíd.*, p. 204.

318. *Ibíd.*, pp. 204-5.

319. *Ibíd.*, p. 204.

320. Ver también C. John Collins, "A Historical Adam: Old-Earth Creation View," en *Four Views on the Historical Adam*, ed. Matthew Barrett y Ardel Caneday (Grand Rapids: Zondervan Academic, 2013), pp. 143-75.

321. *Ibíd.*

humana".[322] Por tanto, si los "escritores de la Biblia presentan esto como historia real para todas las personas en todas partes", si la "mejor manera de leer porciones de la Biblia [...] es relacionándolas con su contenido global", y si esta historia exige una primera pareja histórica y una caída histórica, entonces los cristianos tienen buenas razones para seguir creyendo en el relato tradicional.[323]

Collins continúa argumentando a favor de esta conclusión basándose en textos específicos. Con respecto la narración del Génesis en sí misma, defiende su unidad literaria y argumenta que debemos entender que el autor de Génesis "habla de hechos que él pensaba que eran reales, usando técnicas retóricas y literarias para moldear las actitudes de los lectores de cara a esos hechos".[324] Concluye que el relato de Génesis nos da muchas razones para no aceptar una interpretación demasiado literal, aunque también argumenta que el texto nos las da para "aceptar un núcleo histórico".[325] Collins continúa apoyando esto partiendo de otros textos importantes del Antiguo Testamento y de la literatura del judaísmo del Segundo Templo, así como de los Evangelios, los escritos de Pablo y otros textos del Nuevo Testamento. Apelando especialmente a las enseñanzas de Jesús sobre el divorcio (p. ej., Mt 19:4-5) y la muerte de Abel (Mt 23:35; Lc 11:51; cf. Gn 4:8), concluye que "es justo decir que los escritores del Evangelio muestran a Jesús como alguien que creía que Adán y Eva eran personas reales, y que su desobediencia cambió las cosas para nosotros, sus descendientes".[326] En cuanto a la teología paulina, examina varios comentaristas recientes importantes y concluye coincidiendo con N.T. Wright:

> Pablo creía claramente que había habido una única primera pareja y que, al varón, Adán, se le había dado un mandamiento que había quebrantado. Podemos estar seguros de que Pablo era consciente de lo que llamaríamos dimensiones míticas o metafóricas del relato, pero tal cosa no le llevaría a dudar de la existencia de la primera pareja histórica ni del pecado inicial. Nuestro conocimiento de la antropología antigua es limitado, por decirlo suavemente. Cada vez que se desentierra otro cráneo muy antiguo, los periódicos se hacen eco del descubrimiento de los primeros seres humanos; hemos relegado a Adán y Eva por completo al mundo de la mitología, pero

322. *Ibíd.*, p. 42.

323. *Ibíd.*

324. *Ibíd.*, p. 16. Contrasta esta forma de interpretar con tres alternativas: el autor pretendía transmitir la historia "directamente" como si se tratara de un libro de texto moderno; el autor tenía la intención de "contar una historia imaginaria" mediante el uso de recursos literarios habituales para expresar verdades generales; o el autor contó una historia sin tener ningún interés o consideración por su historicidad.

325. *Ibíd.*, p. 66.

326. *Ibíd.*, p. 78.

todavía estamos buscando quienes puedan reemplazarlos [...] La creencia popular general de que Charles Darwin refutó directamente los antiguos relatos del Génesis, naturalmente no tiene sentido, sin embargo, muchas veces se ve fortalecida por la invención de mitos modernos. Las cosas no son tan simples, ni en la teología bíblica ni en la ciencia.[327]

Concluye Collins que reunir toda esta evidencia bíblica nos proporciona varios criterios importantes. En primer lugar, hemos de concluir que el origen "de la raza humana va más allá de ser un proceso meramente natural". En segundo lugar, "debemos ver a Adán y Eva en el origen de la raza". Tercero, "la 'caída', cualquiera que fuera el modo de cómo pasó, fue histórica (sucedió) y moral (implicó desobedecer a Dios), y ocurrió al inicio de la raza humana". Por último, "si alguien entendiera que, realmente, había más seres humanos además de Adán y Eva al comienzo de la humanidad, entonces [...] habría que entender a estos humanos como una sola tribu" siendo Adán "el jefe de la tribu".[328]

Estos son, según Collins, criterios teológicos importantes. Pero ¿qué pasa con lo que dice la biología evolutiva, la paleontología y la primatología? Collins sabe muy bien que hay muchos creyentes que quieren mantenerse dentro de estos criterios teológicos; también sabe de creyentes que no quieren desechar la evidencia científica disponible. Tampoco el propio Collins quiere desechar la evidencia científica. Entonces, ¿qué tiene que hacer el cristiano? Collins ensaya distintas situaciones posibles. Se da cuenta de que algunos creyentes (sobre todo, creacionistas de la tierra joven) insisten en que Adán y Eva son los primeros miembros de la especie *Homo*. El principal problema que hay aquí debe quedar claro según las pruebas de lo que afirma la ciencia: según esas afirmaciones, el *Homo* más antiguo data de hace mucho tiempo y "sin ningún resto cultural específico en el registro paleontológico".[329] Otros enfoques admiten el desarrollo de otras especies de homínidos, pero ven la creación especial de la raza humana como más reciente: por tanto, "Adán y Eva son individuos históricos –los primeros seres humanos– cuyo origen está en la milagrosa intervención de Dios hace entre 70 000 y 50 000 años", y sus "descendientes formaron una pequeña población inicial que en definitiva dio lugar a todas las poblaciones humanas de todo el mundo".[330]

Hay otras teorías que admiten que la creación de Adán y Eva fue por medio de la renovación y mejora de homínidos ya existentes. Por ejemplo, el

---

327. *Ibíd.*, pp. 87-88, citando a N. T. Wright, "Romans," en *The New Interpreter's Bible*, vol. 10, *Acts, Introduction to Epistolary Literature, Romans, 1 Corinthians*, ed. Leander E. Keck (Nashville: Abingdon, 2002), p. 526.

328. *Ibíd.*, pp. 120-21.

329. *Ibíd.*, p. 122.

330. *Ibíd.*, p. 123, citando a Fazale Rana y Hugh Ross, *Who Was Adam? A Creation Model Approach to the Origin of Man* (Colorado Springs: NavPress, 2005), p. 248.

"creacionista evolutivo" Gavin McGrath dice que Dios pudo haber tomado dos homínidos preexistentes, transformado uno de ellos (Adán) a la imagen divina y que luego tomó el otro (Eva) utilizando material genético del primero (de su "costilla") para transformarlo. Según esta idea, "únicamente estos dos son los progenitores de la raza humana".[331] Otros eruditos, conscientes de que Génesis 4 parece indicar la presencia de otros humanos, sugieren que Dios recicla un grupo de homínidos preexistentes y establece a la primera pareja humana como "virreyes", convirtiendo así a Adam en su "cabeza federal" cuya obra representativa se extiende "tanto a sus contemporáneos como a sus descendientes".[332] Collins no es nada dogmático al proponer esto, pero cree que vale la pena ver cómo distintas maneras de considerar las cosas podrían estar (o llegar a estar, con algunos ajustes) de acuerdo con los criterios teológicos derivados de las Escrituras. "Nada (dice) nos obliga a abandonar la monogénesis por alguna forma de poligénesis; antes bien, una monogénesis modificada, que conserve a Adán y Eva, puede ser de ayuda".[333] Por tanto, aunque admite que hay muchas incertidumbres a la hora de estructurar una visión cristiana completa sobre estos temas, también insiste en que estas incertidumbres que persisten, "de ninguna manera socavan nuestro derecho a aferrarnos a la historia bíblica con plena confianza".[334]

A Peter Enns no le convencen tales maniobras. Esas estrategias para reconciliar la enseñanza de las Escrituras y las afirmaciones de la ciencia, dice él, nos dejan "con una primera pareja completamente ajena al retrato bíblico".[335] Enns contradice la teoría de que "Adán y Eva fueran dos homínidos o representantes de un grupo de homínidos con quienes, en algún momento del desarrollo evolutivo, Dios empezó a relacionarse [...] dotándolos de su imagen".[336] Entendiendo que la Biblia enseña una creación "humana repentina y reciente", rechaza estos escenarios propuestos por "alternativos y totalmente *ad hoc*" –y en definitiva, no "bíblicos".[337] Su conclusión es que "los modelos científicos y bíblicos de los orígenes humanos son, en sentido estricto, incompatibles [...] son irreconciliables, y no se puede encontrar un "Adán" en un programa evolutivo".[338]

---

331. Collins, *Did Adam and Eve*, p. 123, citando a Gavin Basil McGrath, "Soteriology: Adam and the Fall," *Perspectives on Science and Christian Faith* (1997): 263.

332. Collins, *Did Adam and Eve*, p. 124, citando a Derek Kidner, *Genesis*, Tyndale Old Testament Commentary (Downers Grove, IL: InterVarsity Press, 1967), p. 29.

333. Collins, *Did Adam and Eve*, p. 130.

334. *Ibíd.*, p. 131.

335. Enns, *The Evolution of Adam*, p. xvii.

336. *Ibíd.*, p. 138.

337. *Ibíd.*, p. 139.

338. *Ibíd.*, p. 138.

Clarifiquemos: la teología analítica entre los estudios bíblicos y la ciencia. ¿Qué hemos de hacer con tales debates? ¿*Cómo* hacer para que tengan sentido? ¿Cómo evaluarlos? Hud Hudson argumenta que la teología analítica "merece un lugar bien definido en esta mesa de diálogo", ya que "los instrumentos y los puntos de vista metafísicos y epistemológicos son frecuentemente el núcleo de nuestras capacidades para progresar científicamente, interpretar textos y tradiciones religiosas, y armonizar estas perspectivas únicas del mundo en un todo unificado e inteligible".[339] Realmente, "la salud y el éxito del diálogo entre ciencia y religión peligran por no atender adecuadamente las premisas y reservas filosóficas que actúan en los debates relevantes".[340] Entonces, ¿*en qué* podría ayudar la teología analítica en estos debates? Una manera de cómo un enfoque analítico podría hacerlo es simplemente aclarando algunos temas y términos importantes que a menudo se confunden. Por ejemplo, pensemos en el "problema evidente" que plantea Peter Enns: "La evolución exige que la creación especial del primer Adán, tal como se la describe en la Biblia, no sea literalmente histórica; sin embargo, parece que Pablo así lo establece [...] Si la evolución es cierta, entonces el cristianismo es falso".[341] Reconoce que "el problema no es si ciencia y religión en general pueden reconciliarse". No, "el problema que tenemos ante nosotros es más acuciante: ¿pueden la evolución y una fe cristiana bíblicamente fundamentada coexistir?"[342] Entonces, "el compromiso cristiano profundo nos lleva a interpretar a Pablo y el Génesis con la mayor seriedad, pero la sensibilidad científica no nos permite descartar la evolución".[343] Enns responde a este "dilema" con cuatro opciones. Una es simplemente "aceptar la evolución y rechazar el cristianismo". Otra opción, en el extremo opuesto, es simplemente "aceptar la visión que Pablo tiene de Adán como vinculante y rechazar la evolución". Una opción un poco mejor es "reconciliar evolución y cristianismo situando una primera pareja o grupo humano en algún momento del proceso evolutivo", pero como vimos, Enns rechaza esta opción a favor de una cuarta: "repensar el Génesis y a Pablo". "Repensar" para Enns significa que deberíamos pensar que Pablo creía en un Adán histórico –y pensar también que Pablo estaba equivocado. Démonos cuenta de que Enns usa repetidamente el término *evolución* como si su significado preciso fuera por sí mismo de alguna manera evidente u obvio. Él cree que la "evolución" "cambia el juego", porque

nos dice que los seres humanos no son el resultado de un acto creativo especial de Dios, como dice la Biblia, sino que son el producto final de un

---

339. Hudson, *Fall and Hypertime*, p.1.

340. *Ibíd.*, pp. 10-11

341. Enns, *Evolution of Adam*, p. xvi.

342. *Ibíd.*

343. *Ibíd.*, p. xvii.

proceso de adaptación y selección natural mediante la prueba y el error. Este proceso comenzó hace miles de millones de años, con la forma de vida unicelular más simple, y desarrolló la gran variedad de vida de este planeta (plantas, reptiles, peces, mamíferos, etc.) junto con la humanidad. Estos humanos también comparten una estrecha ascendencia común con los primates.[344]

Pero el significado del seductor término *evolución* no es tan evidente ni tan obvio. Por el contrario, puede albergar muchos significados diferentes. El término *evolución* puede tener cualquiera de los siguientes significados:[345]

E1: La tierra es muy antigua (y las formas de vida se han desarrollado y cambiado).

E2: La vida ha progresado de formas relativamente simples a formas muy complejas.

E3: *Descendencia con modificaciones.*

E4: *Ascendencia común.*

E5: *Mecanismo naturalista* (por ejemplo, "selección natural" combinada con mutación genética aleatoria), según el cual la especie *Homo sapiens* ha evolucionado a partir de otros primates homínidos primitivos a través de un proceso largo, cruel y sangriento marcado por el egoísmo, la muerte y el genocidio.

E6: Orígenes naturalistas.

Date cuenta de cuántas de estas, E1, E2, E3, E4 y E5, se incluyen explícitamente en el resumen de Enns. Pero se las incluye sin diferenciarlas adecuadamente. A pesar de que a veces se las trata como una especie de "paquete" (así parece tratarlos Enns), hay en ellas importantes diferencias conceptuales. Las afirmaciones de E1 y E2, por ejemplo, están muy lejos de, por ejemplo, E5. Ni está claro que la evidencia científica de una cuente como evidencia para otra; la evidencia de que la Tierra es muy antigua no cuenta como evidencia para la tesis de la ascendencia común. Creer, por ejemplo, en E5 no es consecuencia de una dependencia de E1 o de aceptar, por ejemplo, E3. Se recurre a diferentes líneas de pruebas y evidencias con distintos niveles de peso para apoyar estas tesis. Pero no todas las pruebas que respaldan alguna (o varias) de estas tesis sirven para apoyar a otras.

---

344. *Ibíd.*, p. xiv.

345. Mi deuda con la obra de Alvin Plantinga es obvia, Alvin Plantinga, *Where the Conflict Really Lies: Science, Religion, and Naturalism* (Oxford: Oxford University Press, 2011), pp. 8-9.

Si lo que digo sobre la legitimidad e importancia de estas distinciones no está claro, analicemos E6. Evidentemente, E6 está en desacuerdo con la doctrina cristiana tradicional. Pero E6 también es claramente una tesis *metafísica*. No creo que sea una tesis científica en absoluto. O, si lo es, al menos no es meramente o solo una tesis científica; si es científica, es una tesis que suma ciencia más metafísica. Estoy seguro de que E6 puede cosechar un apoyo generalizado y entusiasta, y no es menos cierto que E6 puede recibir este apoyo generalizado y entusiasta *entre los científicos.* Pero nada de esto cambia el hecho de que es una tesis metafísica. Como tesis metafísica, cualquier apoyo probatorio de las ciencias naturales que pueda aducirse en favor de las otras tesis no equivale a una prueba o evidencia de E6. ¿De qué manera la evidencia geológica de una tierra muy antigua respalda el argumento que concluye que Dios no existe? ¿Cómo puede la evidencia genética y biológica que concluye que los humanos comparten una ascendencia común con otros primates respaldar el naturalismo metafísico? Tales intentos argumentativos, aunque proclamados entusiásticamente por los "Nuevos ateos", son simplemente falacias. También vale la pena señalar que E6 es una tesis metafísica con fallos profundos.[346] Pero lo principal debe quedar claro: hay distinciones importantes en esto pero que a menudo se ignoran, por lo que haríamos bien en proceder con cautela.

De igual manera, *creación,* en el discurso teológico (y apologético) actual puede tener, entre otros, cualquiera de los siguientes significados:

C1: El universo fue creado por un Creador no creado.

C2: El universo fue creado *ex nihilo,* siendo original y primordialmente bueno.

C3: Los humanos son creados según la *imago Dei.*

C4: Una primera pareja humana (llamados "Adán y Eva") fue creada especialmente por Dios.

C5: La creación tiene marcas inteligibles de "ajuste" o "diseño inteligente".

C6: La tierra es muy "joven" (entre seis mil y diez mil años), y fue creada en seis períodos de veinticuatro horas.

De nuevo, como con el término *evolución,* se dan algunos detalles muy importantes, que cuando los resaltemos, nos serán de gran ayuda.

---

346. El famoso "argumento evolutivo contra el naturalismo" de Plantinga es importante al respecto, *Warranted Christian Belief* (Oxford: Oxford University Press, 2000), pp. 199-240; y *Where the Conflict Really Lies*, pp. 307-50. Ver también Michael C. Rea's *World Without Design: The Ontological Consequences of Naturalism* (Oxford: Oxford University Press, 2004).

Dos pasos hacia atrás: análisis del debate. Veamos primero cómo Harlow y Schneider describen la "ciencia evolutiva".[347] Harlow dice que "la ciencia moderna ha demostrado de sobra que fenómenos como la depredación, la muerte y la extinción de especies han sido aspectos intrínsecos e incluso necesarios de la vida en la tierra durante miles de millones de años, mucho antes de la aparición del *Homo sapiens*".[348] Dice también que "el constantemente creciente registro fósil de homínidos muestra inequívocamente que los seres humanos no aparecieron repentinamente, sino que evolucionaron gradualmente en el transcurso de seis millones de años", y dice además que la reciente "investigación de la biología molecular indica que, posiblemente, la diversidad genética de la población humana actual no se remonta a una única pareja que vivió en Mesopotamia hace unos cuantos miles de años".[349] Por el contrario, los "antepasados de todos los *Homo sapiens* modernos eran una población de unos 10 000 individuos entrecruzados, miembros de una población mucho mayor que vivía en África hace unos 150 000 años".[350] Esto es, según él, lo que nos proporciona la "ciencia evolutiva".[351] Observemos el resultado conjunto: declaración explícita de E1, E3, E4 y E5 (puede que aceptando E2). Podemos ver también que se amontona todo. E4 parece confundirse con E5, y la evidencia de E4 parece servir de apoyo a E5. Pero E4 y E5 son distintos, y el hecho de que todos los seres vivos estén relacionados entre sí y provengan de una fuente común no demuestra que la evolución haya ocurrido siguiendo algún proceso concreto. Del mismo modo, el hecho que los seres humanos estén estrechamente relacionados con otras especies de homínidos no demuestra que no hubiera una participación divina directa (y quizás milagrosa). Con Enns pasa lo mismo que con Harlow y Schneider: estos detalles se suelen pasar por alto, así como no se distinguen adecuadamente los diferentes significados de *evolución*. En consecuencia, se hace muy difícil saber exactamente qué líneas de evidencias científicas respaldan exactamente qué conclusiones.

Volviendo a la interpretación que hace Harlow de la enseñanza bíblica, creo que podemos ver que hace algunas observaciones válidas y muy útiles sobre el texto (en su contexto histórico). Dice algunas cosas interesantes sobre el género literario (especialmente de Gen 1-3); hay cuestiones importantes aquí que con demasiada frecuencia se pasan por alto o se ignoran por los partidarios de una u otra interpretación (incluyendo a los científicos). Tiene razón al señalar tanto el paralelismo como los fuertes e importantes contrastes que hay entre el relato del

---

347. Esta es la expresión que Schneider usa repetidamente, "Recent Genetic Science," pp. 196, 197, 204, 205.

348. Harlow, "After Adam," p. 179.

349. *Ibíd.*, pp. 179-80.

350. *Ibíd.*, p. 180.

351. *Ibíd.*, p. 181.

Génesis y los diversos mitos paralelos del antiguo Medio Oriente. Quizás lo más útil sea que destaca algunas diferencias teológicas fundamentales entre el Génesis y los relatos paralelos de los orígenes. Además, tiene razón al advertir contra una lectura demasiado aislada del relato de Génesis. Igualmente nos ayuda a ver los significativos elementos simbólicos del texto.

Pero nada de esto nos lleva a la conclusión de Harlow de que Adán y Eva fueron simplemente una creación literaria (y no personas reales e históricas). Ninguna de sus afirmaciones, ya se tomen individualmente o en conjunto, dicen o implican que Adán y Eva no existieran en la realidad, que solo fueran una creación literaria. Harlow tiene razón al ver ciertos recursos literarios y símbolos en el relato, y acierta al ver que Génesis 1-3 no es una especie de relato histórico desinteresado. De hecho, los temas teológicos de Génesis provienen del uso polémico de los símbolos. Pero reconocer todo esto no quiere de ninguna manera decir que Adán y Eva no fueran personajes históricos. Así sería si un argumento como el siguiente fuera sólido:

(1) Si hubiera paralelismos con alguna otra literatura antigua del Medio Oriente, recursos literarios o elementos simbólicos presentes en el texto, entonces los personajes principales no podrían ser personales históricos o, es muy probablemente que no lo fueran.

(2) Hay paralelismos con alguna otra literatura antigua del Medio Oriente, recursos literarios y elementos simbólicos presentes en el relato del Génesis;

(3) Por tanto, los personajes principales del relato de Génesis no pudieron ser personajes históricos, o es muy probable que no lo fueran.

Si tal argumento fuera sólido, entonces Harlow estaría sobre suelo firme, porque habría asentado unas buenas bases para aceptar el punto 2. Pero este argumento *no es* un buen argumento, ya que adolece del defecto de basarse en una premisa que es manifiestamente falsa. O, dicho de modo más suave, no es obvio que el punto 1 sea verdad, y Harlow no nos da ningún argumento (ni bueno ni malo) para darlo por cierto. Nos hace algunas advertencias saludables acerca de leer el texto con rigor hermenéutico y sensibilidad exegética. Y por eso podemos estarle agradecidos. Pero hasta donde puedo ver, eso no es una razón convincente para no creer que Adán y Eva fueran figuras históricas.

El argumento es tan malo que deberíamos asumir que Harlow ni siquiera lo defiende. Quizás Harlow no está defendiendo que Adán y Eva no fueran personajes históricos; igual solo quiere decir que esta opinión abre la puerta a tal conclusión. Está bien. Pero entonces queda claro que el argumento no respalda la conclusión de que Adán y Eva no fueran personajes históricos. A lo sumo, deja el asunto sin resolver y abre la puerta a que se tengan en cuenta otras pruebas. Pero ¿qué descubrimos cuando examinamos otras evidencias? Bueno, si consideramos las evidencias adicionales de las Escrituras queda claro, como Harlow reconoce, que el relato bíblico general realmente muestra un Adán histórico. Después de todo, el mismo Harlow admite que eso es lo que Pablo enseña, y la teología paulina es bastante importante en una explicación canónica. Incluso si Harlow tuviera razón al decir que nuestras bases para creer en la historicidad de Adán y Eva se ven socavadas de alguna manera por los paralelismos y el uso de recursos literarios, o si tiene razón diciendo que con solo el Génesis (interpretado correctamente siguiendo el método de la crítica histórica) no podemos creer que Adán y Eva fueran personajes históricos, con todo, sigue sin haber una razón para rechazar la conclusión de que Adán y Eva fueran figuras históricas. Después de todo, como creyentes lectores de la Biblia, no tenemos "solo el Génesis". Pablo, por ejemplo, nos da una interpretación importante del pasaje del Génesis, y deja clara su conclusión: así como Jesucristo es una persona histórica cuya aparición y obra han cambiado el mundo, Adán también lo es.

La conclusión de Harlow es que "lo que tenemos en el Génesis no es revelación proposicional sino teología narrativa".[352] Pero no hay ninguna razón para pensar que estas opciones sean mutuamente excluyentes. El verdadero problema no es, me parece a mí, si estamos tratando con "proposiciones". El problema real es si se trata de revelación. Una afirmación teológica bien puede ser expresada por medio de la narrativa; de hecho, eso es exactamente lo que tenemos en buena parte de las Escrituras. Pero si es teológica, entonces se refiere a Dios (o a Dios y el mundo, o al mundo creado por Dios, o a los pecadores en relación con Dios, etc.). El mismo Harlow describe a los dioses de los antiguos relatos del Medio Oriente como "caprichosos e inmorales", mientras que en el Génesis vemos a Dios "en contraste" con estos dioses del mundo pagano.[353] Estoy de acuerdo con Harlow en que se hacen importantes declaraciones teológicas y que hay un contraste directo y poderoso. Pero veamos:

P En contraste con los dioses del antiguo Cercano Oriente, Yahvé no es ni caprichoso ni inmoral.

¿Qué tipo de proposición es *P*? Si admitimos que una "proposición es una abstracción que capta o expresa el contenido descriptivo de una declaración completa", es fácil ver que *P* expresa una afirmación proposicional (que puede traducirse a frases en otros idiomas).[354] Puede comunicarse mediante "teología narrativa" pero, con todo, sigue siendo una declaración proposicional. Tener claro lo que en realidad *es* exactamente una proposición (que, por cierto, normalmente *es* a

---

352. *Ibíd.*, p. 185.

353. *Ibíd.*, pp. 183-84.

354. David K. Clark, *To Know and Love God: Method in Theology* (Wheaton, IL: Crossway, 2003), p. 358.

lo que se dedica la multitud analítica) en realidad nos ayuda a ver que –según explica Harlow– la "teología narrativa" de los primeros capítulos del Génesis tiene la intención de transmitir verdades proposicionales. También es cierto que esta teología narrativa puede conseguir mucho más de lo que consigue la simple exposición de esas verdades; con palabras puede hacer muchas cosas, y sería a la vez erróneo e inútil "apisonar" el Génesis para que encaje en el molde de la historiografía "moderna" (o lo que es peor, interpretarlo como si fuera un libro de texto de ciencia moderna). La teología no es solo o simplemente hacer declaraciones proposicionales. Pero si la teología narrativa es en verdad teología, entonces hace declaraciones proposicionales sobre Dios (sin importar cómo las comunica). De modo que, si Harlow dice que se trata de teología narrativa y no de revelación objetiva, podemos descartar la cortina de humo de las "proposiciones".

Schneider recurre a la teología "oriental" y a las ideas "supralapsarias" de algunos teólogos "occidentales". Sus referencias a la teología oriental no citan (o ni siquiera nombran) a los que realmente apoyarían su propuesta, pero menciona a Ireneo como teólogo "supralapsario". Es decir, que Ireneo opinaba que la encarnación era parte del plan divino original (y no "un 'Plan B' secundario").[355] Menciona a Ireneo varias veces, pero no hace ninguna exposición real de la teología de Ireneo. Sin embargo, el hecho de que Schneider no exponga, explique o defienda los puntos de vista de Ireneo no le impide concluir que, debido a "sólidas razones teológicas propias de Ireneo", no podemos sostener que la interpretación tradicional nos dice "cómo eran realmente las cosas en el pasado humano inicial".[356]

Schneider tiene razón en que hay una cristología "supralapsaria" en la extensa tradición cristiana. Esta teología existe por una buena razón; en un sentido Jesucristo es "el Cordero que fue inmolado desde el principio del mundo" (Ap 13:8), y la proclamación apostólica más temprana deja claro que la encarnación, crucifixión y resurrección de Jesús sucedió por "el determinado consejo y anticipado conocimiento de Dios" (Hch 2:23; cf. Hch 4:28). Pero lo que Schneider afirma es mucho más que eso, sacando conclusiones que van más allá de esa cristología supralapsaria. Ahí es donde las cosas se ponen un tanto turbias, exponiendo sus nuevas afirmaciones a la crítica. Una cosa es señalar, como lo hace Schneider, que la encarnación del Hijo no fue una especie de respuesta frenética a una emergencia imprevista. Es algo muy distinto, sin embargo, pasar de decir que el Hijo se habría encarnado independientemente de la acción humana, a concluir que no hubo "caída" o que el mundo es pecador porque Dios así lo quiso. O sea, que la

355. Schneider, "Recent Genetic Science," p. 203.

356. *Ibíd.*

declaración central de la cristología supralapsaria, "encarnación de todos modos", no quiere en absoluto decir, "encarnación *y pecado* de todos modos". Otra cosa es insistir en que todo el pecado y la miseria del mundo son de alguna manera *necesarios*. Si es correcto o no afirmar "encarnación y pecado de todos modos" por otros motivos, es engañoso presentar a Ireneo y a otros teólogos (de alguna vaga tradición "oriental") como si también estuvieran de acuerdo con tal punto de vista. En resumen, cuando Schneider dice que hay elementos de teología supralapsaria en la tradición, casi con certeza tiene razón.[357] Pero cuando recurre a declaraciones históricas del supralapsarianismo como si de algún modo respaldaran su propia teoría, casi con toda certeza está equivocado.

Pero pasando más allá de los problemas histórico-teológicos a los de importancia dogmática, surgen cuestiones aún mayores. En una versión de esas teorías revisionistas, Daryl Domning concluye que las terribles injusticias y los terribles sufrimientos de la humanidad son "simplemente inherentes a la existencia de un universo físico y moral".[358] La conclusión de Domning hace que Schneider indique que entonces, según ese punto de vista, esos horrores son "inevitables, incluso para Dios".[359] Schneider no se enfrenta a las cuestiones teológicas que plantean tales declaraciones, pero es importante tomar nota de ellas. Porque si Domning está en lo cierto, entonces ¿es igualmente cierto que el sufrimiento y la muerte son aspectos esenciales de lo que significa ser parte de la creación? Si es así, ¿qué diferencia significativa hay entre esto y el mismísimo gnosticismo contra el que Ireneo se opuso tan enérgicamente? Tradicionalmente, los cristianos han recalcado la bondad de la creación, así como que el pecado es *contra natura*.[360] La explicación revisionista sostiene que este mundo, tanto en su pasado primitivo sangriento como en su horrible presente, es exactamente como se supone que debía ser. Ciertamente, para sus promotores como Domning, así es *como tiene que ser*. Y aquí los problemas empeoran aún más, ya que, si tales horrores son "inevitables, incluso para Dios" (y por tanto, son en sentido estricto, necesarios), la verdad es que estamos entonces cerca tanto del fatalismo como del gnosticismo. Profundizando, tenemos que preguntarnos: ¿podemos todavía creer en la bondad del Creador? Schneider recalca que "muchísimas cosas que la gente creía anteriormente que ocurrieron por causa del pecado humano, no sucedieron así",

---

357. Edwin Chr. van Driel, *Incarnation Anyway: Arguments for Supralapsarian Christology* (Oxford: Oxford University Press, 2008).

358. Daryl Domning, con prólogo y comentario de Monica K. Hellwig, *Original Selfishness: Original Sin and Evil in Light of Evolution* (Aldershot, UK: Ashgate, 2006), p. 169.

359. Schneider, "Recent Genetic Science," p. 205.

360. Sobre este tema ver Josef Pieper, *The Concept of Sin* (South Bend, IN: St. Augustine's Press, 2001), pp. 34-55.

sino que son el producto de la "voluntad creadora y destructiva de Dios".[361] Pero, si esto fuera cierto, entonces ¿cómo es posible que el pecado sea contra Dios? ¿Y qué significado tiene hablar de la bondad de Dios?

Medio paso hacia adelante: el análisis y la perspectiva de avanzar. Hasta aquí, podemos ver cómo la teología analítica puede ayudarnos a clarificar algunos problemas básicos involucrados; el análisis riguroso puede ayudarnos a catalogar los distintos significados (muchas veces incoherentes) de términos comunes. La teología analítica también puede ayudarnos a comprender los argumentos a favor y en contra de las diferentes teorías para sopesar las pruebas a favor y en contra de ellas, y evaluarlas consecuentemente. Además, la teología analítica también puede impulsar una mayor claridad con respecto a las implicaciones, supuestas o reales, de las diferentes proposiciones.

¿A dónde nos lleva esto? Pensemos en cómo los diferentes sentidos de "creación" se relacionan con los diferentes significados de "evolución". Como indiqué antes, E6 está en claro desacuerdo con la creencia cristiana tradicional y, ciertamente, con el teísmo en general. Pero como también dije, E6 es más un dogma metafísico que una tesis estrictamente científica. Los hechos de la ciencia no nos llevan a la conclusión metafísica; tampoco, aparte de la confusión común pero desafortunada de la física con la metafísica, hay razón alguna para pensar que lo es. Además, E6 es una tesis defectuosa y los cristianos deberían rechazarla sin complejos. Entonces, poniéndola un lado (para nuestros propósitos), veamos C1. La tesis de que el universo fue creado por un Creador no creado no debería ser tan controvertida para los cristianos (o para muchos otros teístas). No es totalmente incompatible con E1, E2, E3, E4 o E5. Tampoco hay ninguna razón convincente que nos haga pensar que algún hecho aportado por las ciencias naturales pueda contradecirla. Creo que la situación se parece mucho a C2. Hasta donde puedo ver, no hay nada en C2 que sea incompatible con lo que dice E1, ya que nada en la tesis de que Dios creó *ex nihilo* y expresar y compartir su propia bondad está en desacuerdo con la tesis de que la tierra es un lugar muy antiguo donde las formas de vida se han desarrollado y cambiado a lo largo de las edades. Igual sucede con respecto a E2, E3 y E4; no hay nada en la progresión de formas de vida relativamente simples a más complejas que descarte una creación inicial a partir de la nada. E5 es más problemática, por la convicción expresada en C2 sobre la bondad de la creación. Porque si la especie *Homo sapiens* ha evolucionado a partir de otras especies de primates a través de un proceso largo, cruel y sangriento marcado por el egoísmo, la muerte y el genocidio, *tal como fue diseñado originalmente por Dios*, se podría cuestionar la bondad de la creación. Sería temerario simplemente suponer que está de acuerdo con la doctrina cristiana. Con todo, también sería prematuro suponer que a E5 no se le puede hacer coincidir con la convicción acerca de la

---

361. Schneider, "Recent Genetic Science," p. 207.

bondad de la creación de la que habla C2. Pero los cristianos que quieran hacer las paces con E5 necesitarán pensárselo largo y tendido.[362]

Cambiando nuestra atención de C2 a C3 y C4, podemos de nuevo ver la posibilidad de armonizar lo que dicen con E1, E2 y E3. Porque, una vez más, creer que Adán y Eva fueron creados por Dios a imagen divina, no se opone en absoluto a creer en una tierra muy antigua, en la progresión de la simplicidad a la complejidad o a la descendencia modificada. Pero, la "ascendencia común" de la que habla E4, junto con el detalle de cómo funciona este proceso proporcionado por E5, es verdad que nos lleva a un aparente conflicto con C4. Como hemos visto, revisionistas como Enns dicen que "los modelos científicos y bíblicos de los orígenes humanos son, en sentido estricto, incompatibles [...] son irreconciliables, y no se puede encontrar un "Adán" en un programa evolutivo".[363] De igual modo, los defensores de la postura tradicional como Collins reconocen los mismos desafíos.[364]

Las críticas de Harlow, Schneider y Enns, aunque seguramente motivadas por un deseo totalmente encomiable de llevar la teología a un diálogo apropiado con las ciencias naturales, no muestran que no sea posible conciliar la creencia en un Adán y Eva históricos con lo que dice la tesis de que compartimos un linaje de descendencia común. Supongamos que creemos que las Escrituras enseñan que la creación de los primeros seres humanos a imagen de Dios fue un acto divino especial, y que son totalmente diferentes del resto de la creación al haber sido hechos a imagen de Dios. Pero ser creados por un acto divino especial no conlleva que la creación de la humanidad fuera *ex nihilo*. Al contrario, la humanidad fue creada de material preexistente (el "polvo de la tierra"). Tal vez, como sugieren algunos conciliadores, Dios recicló o renovó una pareja de homínidos ya existentes y los dotó de manera especial. Quizás creó criaturas genuinamente nuevas que tienen mucho en común (genética y biológicamente) con otros homínidos, pero teniendo además la imagen divina. Quizás son "representantes federales" para todos los seres humanos. Con ciertos cambios metafísicos correctos (o "incorrectos"), hay distintas maneras de armonizar C4 no solo con E1–E3, sino también con E4 y E5. Por lo que sabemos y lo que no sabemos, no parece acertado reducir las posibilidades. Y si alguna de estas posibilidades se abre, entonces Enns está claramente equivocado cuando afirma que "no puede" haber reconciliación entre las declaraciones bíblicas y las científicas.

---

362. Para algunas ideas muy perspicaces y útiles sobre estas líneas, ver Michael Murray, *Nature Red in Tooth and Claw: Theism and the Problem of Animal Suffering* (Oxford: Oxford University Press, 2008).

363. Enns, *Evolution of Adam*, p. 138.

364. Collins, *Did Adam and Eve*, p. 12.

Es interesante lo que Hud Hudson argumenta a favor de la armonización entre la teoría evolutiva moderna (más o menos todo lo que he llamado E1-E5) y lo que denomina "literalismo radical" (que, creo, estará condicionado por C1-C4 basado en la enseñanza bíblica). Está convencido de que el "conflicto" entre lo que dice la ciencia y los dogmas de la teología no es en realidad un conflicto entre "ciencia" frente a "teología"; en verdad, es ciencia-más-metafísica frente a teología (con condicionamientos metafísicos). Si juntamos una metafísica incorrecta con lo que dice la ciencia, parece que en realidad hay un conflicto. Por eso necesitamos ver y reconocer la presencia de esos condicionamientos metafísicos. Por otro lado, si la metafísica opera correctamente, Hudson concluye que podemos aferrarnos a un "literalismo radical y sin complejos" (que el propio Hudson *no sostiene* con claridad) sobre la caída y la doctrina del pecado original, y seguir estando "totalmente de acuerdo con la ortodoxia científica imperante y los últimos avances en astronomía, física, geología, paleoantropología, genética y biología evolutiva".[365] Los detalles del ingenioso enfoque de Hudson son complejos, y su metafísica es muy controvertida, pero la idea básica debería quedar clara: hay varias estrategias disponibles y es erróneo –simplemente erróneo– proceder como si las evidencias científica actuales de la evolución descartaran la doctrina teológica tradicional.

En cualquier caso, con o sin la metafísica de Hudson sobre el hipertiempo, *hay* posibilidades. Estas posibilidades pueden incluir los tipos de "escenarios" de los que habla Collins. Como hemos visto, a críticos como Enns no les gustan tales maniobras. Como él dice, esas estrategias son "completamente ajenas a lo que enseña la Biblia", "totalmente *ad hoc*" y definitivamente no "bíblicas".[366] A su vez, Harlow se queja de que tales esfuerzos "extraen del texto bíblico nociones anacrónicas que serían inconcebibles para el o los antiguos autores".[367] Enns llega incluso a decir que la Escritura y la ciencia "son irreconciliables".[368] Notemos la contundencia de la afirmación de Enns: dice que las Escrituras y la ciencia son *irreconciliables*.

Pero ¿qué quiere decir que determinado punto de vista es "bíblico"? ¿Y qué significa condenar otro punto de vista como "no bíblico"? Aquí, como a menudo en otros debates parecidos, me parece que acusar a alguna proposición *P* de no ser bíblica, suele ser demasiado prematuro. Recordemos nuestra discusión anterior sobre la diferencia entre determinada proposición *P impuesta por las Escrituras, de acuerdo con las Escrituras o en desacuerdo con las Escrituras*, y nuestras distinciones algo más afinadas entre RA1 y RA7 (véase el capítulo 2). Quizás cuando Enns argumenta que las estrategias para armonizar a un Adán y Eva históricos con los

---

365. Hudson, *Fall and Hypertime*, pp. 12-13.

366. Enns, *Evolution of Adam*, pp. xvii, 139.

367. Harlow, "After Adam," p. 181.

368. Enns, *Evolution of Adam*, p. 138.

hechos aportados por la genética, la biología, la primatología y la paleontología no son "bíblicas", quiere decir que fallan al no reunir los requisitos de RA6 o RA7. Puede que lo que esté diciendo es que *las Escrituras no coinciden* con esas estrategias; es decir, que no es posible que las Escrituras sean verdad y que cualquiera de esas posiciones también resulte ser cierta. Si así fuera, entonces quedaría mucha tarea pendiente por hacer, puesto que no ha hecho nada que sustente tal conclusión. Quizás lo único que quiere decir es que estas estrategias "no son bíblicas" en el sentido de algo más parecido a RA4 o RA5; o quizás simplemente que estas estrategias están de acuerdo con las Escrituras, pero no son demandadas por ellas. Si es así, quien defiende tales estrategias puede decir que está de acuerdo y después seguir su camino alegremente. Para el tal, no es necesario concluir que las Escrituras o la ciencia exigen esas estrategias de armonización. Por el contrario, mientras se tengan en cuenta tanto los criterios teológicos como las pretensiones científicas, no hay por qué pensar que "la Biblia se opone a la ciencia" o que "los modelos científicos y bíblicos de los orígenes humanos son, en sentido estricto, incompatibles".[369] Por tanto, podemos concluir que la afirmación de Enns de que los relatos "científicos y bíblicos" de los orígenes humanos "son irreconciliables" es demasiado prematura.

Entonces, C5 parece estar de acuerdo con todos los E1 a E5. Pero los desafíos vuelven a surgir cuando llegamos a C6. Muchos cristianos creen que la creación es muy "reciente" o "joven"; están convencidos de que la Biblia enseña claramente (según RA1 o RA2) que la Tierra fue creada en seis períodos de veinticuatro horas hace solo entre seis mil y diez mil años. A primera vista, parece obvio que esta postura choca de plano con todo cuanto afirma la "evolución". Pero lo que nos encontramos aquí no es "ciencia frente a religión", "teología frente a biología", o "creación frente a evolución". Lo que tenemos aquí es una versión particular de la doctrina cristiana de la creación contra un conjunto de afirmaciones hechas y respaldadas por muchos científicos.

Está claro que queda mucho por hacer sobre estos temas; en verdad, podemos decir que el trabajo apenas está comenzando. (Estos casos que hemos estudiado analizan únicamente una conversación sobre solo una parte del abanico de temas). Y aunque es cierto que la teología analítica no puede hacer todo lo que habría que hacer (escuchar a los científicos hablar de ciencia y a los eruditos bíblicos de exégesis), debería participar en el trabajo colaborativo necesario para realizar una teología constructiva en esta área. Sugiero que una labor futura permita que la escatología arroje luz sobre la protología. Me parece que, en algunos aspectos importantes, lo que se afirma basado en la teología sobre Adán y Eva es paralelo con lo que se afirma sobre, por ejemplo, la resurrección. Se nos suele recordar que creer, por ejemplo, en C4 no está "respaldado" por la biología molecular, la

---

369. *Ibíd.*

primatología, la sociobiología, la filogenética ni por otras disciplinas de las ciencias naturales. También se nos suele recordar que creer en C4 significa estar en conflicto con el naturalismo metafísico (E6). Todo esto es verdad, pero cómo va *en contra* de la creencia en un Adán y Eva históricos está lejos de ser obvio. Creer en la resurrección tampoco está "respaldado" por la biología molecular (etc.), y está igualmente en conflicto con el naturalismo. No obstante, los cristianos creen ciertamente que tienen un buen fundamento para creer en la resurrección de Jesús, y lo que afirman nos da buenas razones para creer en nuestra propia resurrección. La fe escatológica cristiana no se basa en lo que sabemos de las ciencias naturales, pero, con todo, está garantizada.

¿No debería la creencia protológica cristiana disfrutar de la misma consideración epistémica? Si, por ejemplo, tenemos razones para creer que Jesús y Pablo sabían de qué estaban hablando y eran dignos de confianza, entonces ¿por qué no podemos creer su testimonio sobre la protología tal como lo hacemos con la escatología?

Algún objetor podría decir que las situaciones son diferentes; en el caso de la escatología, carecemos de apoyo de las ciencias naturales, pero las ciencias naturales no contradicen la creencia en la resurrección; en el caso de la protología realmente sí hay hechos de las ciencias naturales que contradicen a C4. Pero tal objeción en absoluto parece tener un gran peso; bien al contrario, parece sencillamente errónea. Porque las ciencias naturales *no nos dan* ninguna prueba real de que Dios *no* reciclara homínidos existentes o creara una primera pareja humana que comparte fuertes conexiones genéticas y biológicas con otros homínidos primitivos. Ni tenemos prueba científica alguna de que Dios no los haya designado como representantes. No hay pruebas *científicas* en contra de estas afirmaciones, y solo nos inclinamos a pensar tal cosa si confundimos la ciencia con la metafísica. Como dice Hudson, "El argumento de nuestra cosmovisión moderna" para negar estas convicciones cristianas es "inadecuado: se presenta defectuosamente a sí mismo como un concurso entre religión y ciencia empírica (concurso que demasiadas veces vemos como un partido entre un niño pequeño y un gorila de 400 kilos), cuando en realidad requiere ser completado con un fragmento metafísico que no ha sido bien defendido o incluso reconocido".[370]

Conclusión. Como estudio de un caso, hemos visto el diálogo reciente sobre un tema importante y controvertido. A través de él podemos ver cómo la teología analítica puede ser de ayuda en la labor de la teología cristiana constructiva que se dedica a declaraciones generales de conocimiento en algún área de gran interés para el cristianismo. Surgen algunas cuestiones. Primero, hemos visto cómo la teología analítica puede ayudarnos a ser más claros acerca de lo que exactamente estamos hablando. En segundo lugar, puede ayudarnos a comprender

---

370. Hud Hudson, "An Essay on Eden," *Faith and Philosophy* (2010): 277.

los argumentos, sopesar los hechos de sus premisas y evaluarlos en consecuencia. También puede ayudarnos a ver qué está y qué no está implicado o conllevan los varios argumentos o conclusiones. Además, la teología analítica puede ayudarnos a ver dónde los temas metafísicos (y epistemológicos) son relevantes y puede ayudarnos a evaluar la metafísica inmersa en las diversas propuestas. Por último, es posible que la teología analítica pueda ayudarnos a progresar de verdad. De todas estas maneras, y puede que de muchas más, la teología analítica puede ser de ayuda para la teología cristiana constructiva que busca un compromiso genuino y honesto con el mundo.

III. ASUNTOS PENDIENTES: HACIA HORIZONTES MÁS AMPLIOS EN TEOLOGÍA ANALÍTICA

Hasta este punto, una gran parte de la filosofía analítica de la religión y la teología analítica cristiana se ha centrado en una serie de temas y de cuestiones bastante limitada y a veces bastante predecible. Por ejemplo, se han gastado muchos litros de tinta en cuestiones sobre la relación de Dios con el tiempo y la eternidad. Algunos filósofos y teólogos han argumentado que Dios debe estar, en sentido estricto, ubicado temporalmente y no atemporalmente. Han presentado un amplio abanico de argumentos a favor de sus puntos de vista; otros filósofos y teólogos han respondido defendiendo la visión "tradicional" de que Dios es "atemporal" o que de alguna manera está "fuera" del tiempo. Otros eruditos, entre tanto, presentan argumentos históricos de que ninguno de los "lados" entiende la perspectiva tradicional correcta. Del mismo modo, muchos árboles han sido víctimas inocentes de los debates sobre la doctrina de la simplicidad divina. Una vez más, tanto los filósofos como los teólogos critican "la doctrina tradicional" por diversos motivos. Y nuevamente, otros teólogos analíticos intentan tanto corregir los malentendidos comunes actuales sobre la tradición y defender la doctrina contra las críticas actuales. Los debates sobre la omnisciencia divina y la libertad de las criaturas han atraído mucha atención, y no hay muestras de que vayan a disminuir. Lo mismo ocurre con respecto a las discusiones sobre la soberanía y la providencia divinas (especialmente con respecto a los problemas del mal), las doctrinas de la Trinidad y la encarnación, el debate mente-cuerpo en antropología teológica y escatología (especialmente en relación con el cielo, el infierno y el purgatorio). Lo mismo podría decirse sobre otros temas, especialmente aquellos relacionados con los atributos divinos y la acción divina.

Buena parte de este trabajo constituye un ejemplo de claridad, de rigor argumentativo y de otras virtudes de la tradición analítica. Realmente, una parte es simplemente espectacular. Esto no quiere decir que se haya logrado un consenso o que se haya hecho todo el trabajo importante sobre los principales temas, pero podemos decir que se han logrado avances. Queda tarea por hacer sobre los temas más importantes en debate pendientes, y en ninguna manera pretendo desalentar estas conversaciones adicionales. Pero estos no son los únicos temas que merecen la pena, ni tampoco está claro que sean los temas que más merecen la pena. Al contrario, hay muchos más asuntos interesantes e importantes de la doctrina cristiana, y muchos de ellos se beneficiarían de un análisis teológico riguroso y minucioso. Por ejemplo, pensemos en las áreas de investigación poco desarrolladas de la eclesiología.[371] ¿*Qué* es la iglesia? ¿Se la entiende mejor como una entidad tetra-dimensional? ¿Cuál es la relación del "uno" con los "muchos" en eclesiología? ¿Qué ocurre con la liturgia? ¿Qué aprendemos de la liturgia acerca de Dios, de Cristo, del pecado y de la salvación?[372] ¿Cómo hemos de entender los sacramentos?[373] ¿Cuál es la misión de la iglesia? ¿Qué ocurre cuando se ministra? Estas cuestiones y muchas otras esperan insistentemente ser estudiadas y analizadas.

Y más allá de la doctrina cristiana tradicional en sí misma, el campo se vuelve aún más abierto y atractivo. Dicho claramente, además del trabajo tan importante sobre los temas más comunes, necesitamos trabajar más en teología analítica *política* y en teología analítica *moral*. Naturalmente, hay excepciones notables, pero gran parte de lo que se hace en teología analítica está a cierta distancia de los problemas urgentes en teología política y teología moral.[374] Mientras tanto, algunos de los debates en teología pública y política –como también en teología moral– ya podrían echar mano de una buena dosis de claridad, parsimonia de expresión y (especialmente) rigor argumental, que son los sellos distintivos de la tradición analítica.

---

371. Ver los pasos dados por William J. Abraham, "Church," en *The Cambridge Companion to Christian Philosophical Theology*, ed. Charles Taliaferro y Chad Meister (Cambridge: Cambridge University Press, 2010), pp. 170-82.

372. Ver Nicholas Wolterstorff, *The God We Worship: An Essay in Liturgical Theology* (Grand Rapids: Eerdmans, 2015).

373. Como obras recientes, ver Alexander Pruss, "The Eucharist: Real Presence and Real Absence," in *The Oxford Handbook of Philosophical Theology*, ed. Thomas P. Flint and Michael C. Rea (Oxford: Oxford University Press, 2009), pp. 512-37; y James Arcadi, "Impanation, Incarnation, and Enabling Externalism," *Religious Studies* (2015): 1-16; Arcadi, "A Theory of Consecration: A Philosophical Exposition of a Biblical Phenomenon," *Heythrop Journal* (2013): 913-25. Como obra reciente sobre el importante trasfondo histórico, ver Marilyn McCord Adams, *Some Later Medieval Theories of the Eucharist: Thomas Aquinas, Gilles of Rome, Duns Scotus, and William Ockham* (Oxford: Oxford University Press, 2012).

374. La obra de Christian Miller es un foco especialmente brillante, *Moral Character: An Empirical Theory* (Oxford: Oxford University Press, 2013); Miller, *Character and Moral Psychology* (Oxford: Oxford University Press, 2014).

IV. NUEVOS ASUNTOS: HACIA UNA TEOLOGÍA ANALÍTICA GLOBAL

Hasta aquí he dicho que la teología analítica puede llegar de manera útil a áreas que de momento están poco exploradas y poco desarrolladas. Pero no solo hay "asuntos pendientes" en teología analítica, sino que también hay amplias áreas teológicas de las que la teología analítica ni siquiera ha comenzado a ocuparse. Hay cuestiones importantes que merecen y necesitan, incluso urgentemente, un análisis teológico muy minucioso. Me refiero al floreciente esfuerzo llamado a veces "teología cristiana global". Timothy Tennent dice que "estamos viviendo en un momento crítico de cambio en el cristianismo desde la Reforma". El cristianismo está en movimiento y está creando un cambio sísmico que está alterando la faz de todo el movimiento cristiano".[375] Observemos que "cada cristiano en el mundo, y especialmente los de Occidente, han de comprender cómo estos cambios influirán [...] en nuestro estudio de la teología".[376] Tennent enumera varias "implicaciones prácticas" del "desafío de abordar la labor teológica desde una perspectiva más global".[377] En primer lugar, dice, el proceso para llegar a estar "más informado y familiarizado con la teología en crecimiento de la Iglesia mundial mayoritaria" puede ayudarnos a ampliar nuestros horizontes y curarnos de nuestra miopía teológica.[378] En segundo lugar, comprometernos con las teologías del Mundo mayoritario puede ayudarnos a ampliar nuestras categorías y desafiar nuestros sistemas teológicos, especialmente si nos sentimos tentados a tomarlos como definitivos o pensar que son las únicas categorías y cuestiones importantes. Tercero, y quizás lo más importante, "este intercambio abierto y honesto nos ayudará a reconocer algunas de nuestras propias herejías y puntos ciegos menos claros".[379]

Creo que Tennent tiene razón; sin duda hay oportunidades importantes para el enriquecimiento mutuo. Si los teólogos analíticos alzan sus ojos hacia los campos, verán que están listos para plantar, cultivar y cosechar. El análisis teológico interreligioso genuino es un área en la que la teología analítica puede ser especialmente importante. La teología analítica puede ayudarnos a superar ese tipo

---

375. Timothy C. Tennent, *Theology in the Context of World Christianity: How the Global Church Is Influencing the Way We Think About and Discuss Theology* (Grand Rapids: Zondervan, 2007), p. 2.

376. *Ibíd.*

377. *Ibíd.*, p. 17.

378. Tennent ilustra esta miopía haciendo referencia de la publicación en 1991 de *Doing Theology in Today's World*, ed. John D. Woodbridge y Thomas E. McComiskey (Grand Rapids: Zondervan, 1991). Tennent señala que "las voces de los teólogos de la 'mayoría mundial' de África, India, China y Corea no son escuchadas" *Theology in the Context*, p. 17.

379. Tennent, *Theology in the Context*, p. 18.

de trabajos científico-sociales, bastante comunes, que a menudo encontramos en los estudios interreligiosos para pasar al análisis conceptual y argumentalmente riguroso necesario para progresar. Este trabajo ha comenzado de algún modo; por ejemplo, Harold Netland y Keith Yandell han realizado una labor importante en cuanto al diálogo entre budistas y cristianos que es teológicamente profundo y metafísicamente serio.[380] Está claro que queda mucho por hacer. Pero además de este tipo de análisis teológico interreligioso riguroso, también queda mucho por hacer sobre otros temas teológicos.

Sin duda, tratar los problemas que surgen en la teología global puede parecer raro (o algo peor) para muchos estudiosos de los campos filosófico y teológico. Tratar estos problemas de manera permanente y rigurosa, tomárselos en serio, podría llevar al teólogo analítico a la marginación o al ostracismo. Sobre esto, puede ser útil recordar algunos puntos importantes del seminario "Un consejo para filósofos cristianos", de Alvin Plantinga. En él hace un llamamiento a los filósofos cristianos (e intelectuales cristianos en general) a un enfoque cristiano más coherente y consciente de su trabajo. "Primero", dice él,

> En general, los filósofos y los intelectuales cristianos deben mostrarse más autónomos, más independientes del resto del mundo filosófico. Segundo, los filósofos cristianos deben mostrarse más íntegros, en el sentido de integridad global, o unicidad, o unidad, siendo de una sola pieza [...] Y para completar estos dos, falta un tercero: valentía cristiana, audacia, fortaleza; o quizás, autoconfianza cristiana. Los filósofos cristianos debemos mostrar más fe, más confianza en el Señor; tenemos que ponernos toda la armadura de Dios.[381]

Plantinga señala que el cristiano en filosofía típicamente ingresa en un programa de posgrado superior y se le presentan las "cuestiones candentes del día" propias del campo: teorías de referencia;

> problemas con la probabilidad; lo que dicen, Quine sobre la indeterminación radical de la traducción; Rawls sobre la justicia; la teoría causal del conocimiento; el problema de Gettier; el modelo de inteligencia artificial de lo que significa ser una persona; la cuestión del estado ontológico de los entes no observables en la ciencia; si la ciencia o cualquier otra cosa es realmente objetiva; si las matemáticas se pueden reducir a la teoría de conjuntos, [...] si los mundos posibles son abstractos o concretos, etc.[382]

---

380. Harold A. Netland y Keith E. Yandell, *Buddhism: A Christian Exploration and Appraisal* (Downers Grove, IL: IVP Academic, 2009).

381. Alvin Plantinga, "Advice to Christian Philosophers," en *The Analytic Theist: An Alvin Plantinga Reader*, ed. James F. Sennett (Grand Rapids: Eerdmans, 1998), p. 297.

382. *Ibíd.*, p. 298.

También reconoce que "la cultura intelectual de nuestros días es en su mayor parte profundamente no teísta y, por tanto, no cristiana –es más, es antiteísta".[383] De este modo, para cualquier estudiante es "natural" trabajar estos temas "del modo en que fue enseñado, analizándolos a la luz de las premisas de sus mentores y según las ideas normalmente aceptadas acerca de por dónde ha de comenzar o lo que ha de dar por sentado un filósofo, lo que requiere discusión y defensa, y qué es o a qué se parece una explicación filosófica satisfactoria o la solución correcta de una cuestión filosófica".[384] Estará "incómodo por apartarse tanto de esos temas y suposiciones, sintiendo instintivamente que cualquiera de estas desviaciones es, en el mejor de los casos, marginalmente respetable".[385]

Plantinga ve que, desde "cierto punto de vista", la situación normal en filosofía es "natural y adecuada", pero desde otra perspectiva, "profundamente insatisfactoria".[386] Los problemas y cuestiones normales de la filosofía y la teología convencionales son realmente importantes, y los cristianos *deberían* estar ocupándose de ellos. Pensar que no deberíamos trabajarlos, o que nuestros colegas no teístas y no cristianos no tienen nada que enseñarnos, "sería una arrogancia estúpida, desmentida por los hechos".[387] Por el contrario, "Los cristianos tienen mucho que aprender, y mucho de importancia que aprender mediante el diálogo y el debate con sus colegas no teístas", y deberían estar "personalmente involucrados en la vida profesional de la comunidad filosófica en general, tanto por lo que pueden aprender como por lo que pueden aportar".[388] Pero tales cuestiones no son las únicas importantes, y tales debates no son los únicos legítimos. Como dice Plantinga: "La comunidad cristiana tiene sus propios problemas, sus propias preocupaciones, sus propios temas de investigación, su propia agenda, su propio programa de investigación".[389] Así, el filósofo cristiano "puede que tenga que rechazar ciertos supuestos actuales sobre la labor filosófica; puede que tenga que rechazar premisas ampliamente aceptadas acerca de cuáles son los puntos de partida y los procedimientos correctos".[390] Para Plantinga, "lo que se necesita aquí es independencia, más autonomía con respecto a los proyectos e inquietudes del mundo filosófico no teísta".[391]

383. *Ibíd.*, p. 297.
384. *Ibíd.*, p. 298.
385. *Ibíd.*
386. *Ibíd.*
387. *Ibíd.*, p. 314.
388. *Ibíd.*
389. *Ibíd.*, p. 298.
390. *Ibíd.*, p. 299.
391. *Ibíd.*

Dudo que la situación general haya cambiado mucho desde el contexto original de Plantinga en la década de 1980 (aunque el debate ha cambiado bastante), y muchos de los que se dedican a la teología analítica con formación filosófica profesional reconocerán lo que él dice. No debe sorprendernos, entonces, que los teólogos analíticos que provienen de la filosofía académica no sean propensos a ver lo realizado sobre algunos temas de la teología cristiana global como algo valorado como interesante, importante o respetable. En muchos sentidos, la situación es la misma respecto de la teología académica convencional. Plantinga está en lo cierto cuando dice que "buena parte de la teología supuestamente cristiana está animada por un espíritu totalmente extraño al del teísmo cristiano"; pero más allá de este *geist*, es normal que los estudiantes graduados sean inducidos a un conjunto bastante estándar de temas teológicos apropiados y métodos de investigación.[392]

El consejo de Plantinga a los filósofos cristianos en general, es particularmente relevante para los teólogos analíticos. Los teólogos analíticos (especialmente los que tienen formación filosófica) deben participar en las conversaciones en curso con la filosofía convencional; los teólogos analíticos cristianos formados en metafísica, epistemología y ética deben involucrarse en esos debates. Pero esto no es *todo* lo que han de hacer. De igual modo, los teólogos analíticos (especialmente los que tienen formación teológica) han de participar en el trabajo sobre figuras y temas más convencionales de la teología. Pero, una vez más, esto no es *todo* lo que han de hacer. Como dice Plantinga, necesitamos más autonomía –y quizás más imaginación y más valentía– en lo que hacemos. Además de las cuestiones y problemas que animan los principales debates en filosofía y teología, los cristianos tienen sus propios problemas y cuestiones. Es cierto que, en el caso de algunos problemas teológicos, algunos de ellos pueden parecer extraños y raros, es verdad. Pero también son muy importantes para muchos creyentes –de hecho, para algunos de esos creyentes se trata, literalmente, de asuntos de vida o muerte.

Tenemos igualmente que reconocer, que hay también obstáculos para el compromiso analítico con estos temas por parte de muchos "no occidentales". La consideración analítica de temas conocidos e importantes, por ejemplo, en epistemología religiosa o metafísica de la acción divina parecerá tan extraña para algunos no occidentales como los problemas mismos pueden parecerles a los teólogos analíticos. Algunos teólogos pueden verse tentados a responder de la siguiente manera: "¿Epistemología? La epistemología es un asunto de interés occidental. No necesitamos epistemología, tenemos historias".[393] El análisis directo, centrado y riguroso de estos temas mediante herramientas analíticas normales les

---

392. *Ibíd.*, p. 298.

393. En una consulta teológica sobre acusaciones de brujería (llevada a cabo en la Universidad Internacional de África, en Nairobi, Kenia (anteriormente Escuela de Teología Evangélica Graduada de Nairobi), en marzo de 2012, escuché a un teólogo ghanés decirle esto a un teólogo

puede chocar a algunos teólogos tan ingenuos como arrogantes, y acarreándose dicho análisis la acusación de "colonialismo". Sin duda, cualquier compromiso analítico (sobre todo si lo realizan europeos o estadounidenses) tendrá que actuar con humildad, apertura y respeto.

Pero, si bien hemos de reconocer obstáculos y barreras, también debemos ver que los teólogos analíticos están equipados con herramientas que podrían ser importantes en dicha labor. Tenemos que ser claros acerca de las posibilidades y del potencial de la teología analítica a este respecto, y es importante hacer algunas advertencias. En primer lugar, los teólogos analíticos no poseen todos los recursos que hacen falta, y decir que los problemas son muchos y complicados es decir poco. Es importante no tener un sentido exagerado de la importancia o de las capacidades de la teología analítica en esto (como en cualquier otro asunto); no es como si el análisis lógico de algunos problemas clave "resolviera" de repente todos los problemas. Tampoco eso, por desgracia, resolverá los problemas acuciantes de los derechos humanos. Aquí la teología analítica no es el antídoto, y no hemos de sentirnos inclinados a pensar que simplemente expresándonos con más claridad y rigor (como en el P1-P5 de Michael Rea; ver pp. 17-18) u ofreciendo un análisis metafísico y epistemológico de las diversas afirmaciones hechas lo "arreglará", de alguna manera, todo.

En segundo lugar, *no* estoy sugiriendo que un ejército de teólogos analíticos "occidentales" tenga que descender, por ejemplo, al África subsahariana o al sur de la India para resolver ciertos misterios teológicos para los pobrecitos "no occidentales". Esa manera de tratar el asunto probablemente solo consiga generar nuevas críticas de colonialismo. Además, tal postura es profundamente malsana tanto para el teólogo occidental como para el teólogo autóctono. No es sano para los occidentales porque puede llevarnos a ser arrogantes y autosuficientes, a lo que parecemos propensos, y tampoco es bueno porque podemos defraudarnos de muchas lecciones e ideas importantes. Y tampoco es saludable para los no occidentales porque puede hacer que las sospechas sean más profundas y, en consecuencia, impedirles recibir recursos útiles. Por tanto, no ha de ser una situación en la que los teólogos analíticos occidentales crean que pueden caer en paracaídas, solucionar un problema y luego desaparecer. Al contrario, cualquier progreso ha de hacerse de una manera verdaderamente cooperativa. Lo que necesitamos es más complejo y complicado: hacen falta más teólogos occidentales que tengan la humildad y la paciencia para aprender de sus colegas globales *y* más teólogos de África, Asia y Oceanía que echen mano de la pericia y de las herramientas analíticas de manera útil. Es decir, necesitamos más autonomía del mundo no teísta y más integración real (en sentido global). No necesitamos más colonialismo, pero sí necesitamos

nigeriano que planteó algunas preocupaciones e insistió en que los problemas epistemológicos deben ser tratados de frente.

más teología cristiana global. Si esta teología es verdaderamente global, no se reducirá –no puede reducirse–a lo que los "occidentales" hablan acerca de los problemas "globales". Al mismo tiempo, sin embargo, si es verdaderamente global, no eliminará ni ignorará las ideas y contribuciones de Europa, América del Norte o Australasia. Si es verdaderamente una teología cristiana *global, no puede* hacerlo.

Por último, no pretendo sugerir que los únicos beneficios posibles en dicho compromiso sean unidireccionales (mucho menos me refiero a que la corriente de beneficios unidireccional vaya de "Oeste" a "Sur"). Debe quedar claro que mi convicción es que la teología analítica posee recursos útiles que ofrecer en algunos de los problemas que surgen en la teología cristiana global; más allá de los tipos de compromisos generales de claridad y rigor que vemos en el P1-P5 de Rea, el arduo trabajo realizado en la epistemología religiosa y la metafísica de la acción divina y de las criaturas, podría generar beneficios reales a este respecto. Pero quizás los beneficios también sean "al revés", y quizás haya ideas y lecciones que los teólogos occidentales también tengan que aprender. Como mínimo, los teólogos analíticos occidentales, incluidos aquellos que como yo somos inicialmente escépticos de que haya algo sobrenatural en, por ejemplo, la gran mayoría de los casos de supuesta brujería, tendremos que permanecer abiertos a la posibilidad de que "hay más cosas en el cielo y en la tierra, Horacio, de las que se sueñan en tu filosofía".[394]

En esta parte, he sugerido que la teología analítica puede ser importante en áreas de investigación –y geografía– que hasta este momento están poco estudiadas y desarrolladas. He sugerido que la labor de la teología analítica global puede ser beneficiosa y, en realidad, urgente. Muchas áreas de investigación aguardan en el diálogo interreligioso (hecho en clave analítica en vez de simplemente a modo de ciencia social) y en la globalización de la teología cristiana. Aunque sería equivocado, y seguramente peligroso para los teólogos analíticos pensar que sus herramientas y pericia es todo cuanto hace falta, o incluso es lo más importante, también sería vergonzoso que los teólogos analíticos ignoraran los espacios en los que podrían ser muy útiles. Lo que necesitamos es ser "más valientes, pensar más a contra corriente, fijar la propia agenda, obtener más de los ricos recursos propios de la teología".[395]

---

394. William Shakespeare, "The Tragedy of Hamlet, Prince of Denmark," acto 1, escena 5, líneas 166-67, en *The Riverside Shakespeare*, ed. G. Blakemore Evans (Boston: Houghton Mifflin, 1974), p. 1151.

395. Wolterstorff, "To Theologians," p. 84.

Capítulo 5

TEOLOGÍA ANALÍTICA PARA LA GLORIA DE DIOS

El criterio del mensaje cristiano pasado, futuro y por tanto presente es... Jesucristo, Dios en su discurso revelador misericordioso y reconciliador a (la humanidad). ¿Se deriva de él el mensaje cristiano? ¿Nos lleva a él? ¿Se conforma a él?

KARL BARTH[396]

Esta es una introducción a la teología analítica. Mi sugerencia ha sido que los teólogos han de ser capaces y estar dispuestos a hacer teología analítica. Es decir, que deberían hacer una teología que puede y quiere emplear los recursos y herramientas de la tradición analítica. También he instado a los teólogos analíticos a hacer *teología*. La teología analítica –*en tanto que teología*– debe ser (tomando prestada la frase de John Webster) "teología teológica".[397] Debe basarse en la Sagrada Escritura, nutrirse de la tradición cristiana y estar atenta a los desafíos potenciales y apremiantes a los que se enfrenta el pueblo de Dios en el mundo de Dios. Pero hay más: la teología analítica debe orientarse hacia sus propios fines, y los teólogos analíticos han de estar atentos al enfoque y la postura correctos de la teología.

---

396. Karl Barth, *Church Dogmatics*, I/1, *The Doctrine of the Word of God*, ed. T. F. Torrance, trad. al inglés, Geoffrey Bromiley (Edinburgh: T & T Clark, 1975), p. 4.

397. John Webster, *Confessing God: Essays in Christian Dogmatics* (New York: T & T Clark, 2005) pp. 11-32. Ver también, Webster's insightful "What Makes Theology Theological?" *Journal of Analytic Theology* (2015): 17-28.

I. EL ENFOQUE DEL TEÓLOGO

Por siglos, los teólogos han subrayado algunas cualidades particulares importantes en el estudio de la teología. Algunas de ellas son, naturalmente, importantes para el trabajo intelectual en general, pero especialmente importantes en divinidad. Como podríamos esperar, esas diferentes listas de cualidades incluyen la adquisición de un conjunto de conocimientos y de capacidades profesionales. Pero con frecuencia los requisitos de la teología son mucho más profundos: pasan de la capacidad intelectual y la preparación académica a los "afectos". Tal como lo han expresado los teólogos que nos han precedido, esa preparación abarca "primero, la actitud del alumno y, segundo, la preparación intelectual no teológica del alumno; es decir, la preparación del *habitus* interno y del conocimiento externo, objetivo y de trasfondo".[398]

La teología como "scientia". Veamos estos elementos de capacitación en orden inverso. Thomas C. Oden indica que, desde que se comenzó a estudiar la teología como disciplina, los cristianos han reconocido que la tarea "exige muchas de las mismas capacidades intelectuales que se esperan del filósofo, del lógico, del historiador o del filólogo", porque la disciplina requiere "razonamiento claro, discernimiento correcto de las relaciones entre enseñanzas aparentemente lejanas y diversas, capacidad de comprensión intuitiva de niveles múltiples, el paso honrado de las premisas a las conclusiones, capacidad de análisis crítico y de reflexión internamente coherente".[399] El interés por la precisión, la claridad y el rigor argumental son simplemente parte de la visión histórica de lo que significa hacer teología. Y esta preocupación no se limita a los teólogos "escolásticos" (en oposición a los teólogos "pastorales", "prácticos" o "espirituales"). Como hemos visto, incluso teólogos pastorales como el destacado evangelista John Wesley insisten en que la lógica es "necesaria junto y para el conocimiento de la Escritura", porque así tenemos la posibilidad de "aprender las cosas de manera clara, juzgando con verdad y razonando de modo concluyente".[400] Wesley también ve, por cierto, que es bueno "que la gente hable menos; enseñándoles lo que es y lo que no es al respecto; y lo extremadamente difícil que es demostrar algo".[401] Lo mismo dice sobre el estudio de la metafísica. Por tanto, las aspiraciones analíticas de la teología

---

398. Richard A. Muller, *Post-Reformation Reformed Dogmatics: The Rise and Development of Reformed Orthodoxy, ca. 1520–ca. 1725*, vol. 1, *Prolegomena to Theology* (Grand Rapids: Baker Academic, 2003), p. 212.

399. Thomas C. Oden, *The Living God: Systematic Theology* (San Francisco: HarperSanFrancisco, 1987), 1:359.

400. John Wesley, "Address to the Clergy," in *The Works of John Wesley*, vol. 10, *Letters, Essays, Dialogs, and Addresses* (Grand Rapids: Zondervan, n.d.), p. 483.

401. *Ibíd.*, p. 492.

no son nada raras en la tradición cristiana, y las inquietudes que suelen impulsar la labor actual de la teología analítica no son en absoluto ni nuevas ni únicas.

Históricamente, ese interés por la precisión, la claridad y el rigor no eran algo aislado: se trataba de decir algo que valiera la pena y hacerlo con precisión, claridad y rigor *acerca de cualquier cosa*. El rigor argumental tiene su sitio adecuado, pero la lógica sirve para ordenar correctamente nuestros pensamientos más que para darnos su contenido correcto (en la mayoría de los casos teológicos). Entonces, para las formas tradicionales de hacer teología, el interés adecuado por la precisión, la claridad y el rigor nunca pueden desplazar la correcta atención hacia las fuentes y el objeto de la teología. En consecuencia, si bien el estudio de las artes y las ciencias es importante para la teología, el conocimiento de las fuentes centrales de la teología es de vital importancia.[402] La serie de preguntas que John Wesley hace al clero es ilustrativa:

> ¿Tengo yo, (1) el conocimiento de las Escrituras que debe tener quien se compromete a explicarlas a los demás? [...] ¿Al mencionar cualquier texto, conozco el contexto y los pasajes paralelos? [...] ¿Entiendo la extensión de cada libro y a qué se refiere cada una de sus partes? ¿Tengo la habilidad para deducir las inferencias naturales que se deducen de cada texto? (2) ¿Entiendo griego y hebreo? Si no es así [...] ¿acaso no estoy a merced de todos los que entienden o pretenden entender el original? ¿De qué manera puedo refutar sus pretensiones? ¿Entiendo el lenguaje del Antiguo Testamento? ¿En forma crítica? ¿Del todo? ¿Puedo pasar al inglés alguno de los Salmos de David? ¿O incluso el primer capítulo de Génesis? ¿Entiendo el lenguaje del Nuevo Testamento? ¿Lo domino de manera crítica? ¿Lo conozco bastante como para pasar al inglés el primer capítulo de San Lucas? [403]

Wesley no está solo, al contrario, representa los compromisos históricos con la labor teológica.

Además del conocimiento de las Escrituras, también es de vital importancia para la tarea teológica estar profundamente familiarizados con la tradición cristiana. Una vez más, la voz de Wesley es representativa cuando pregunta: "¿Conozco bien a los Padres? ¿Aquellos hombres venerables que vivieron en los primeros tiempos de la Iglesia?"[404] "¿A quién no le gustaría conocer a [...] Crisóstomo, Basilio, Jerónimo, (Agustín); y, sobre todo, al hombre de corazón quebrantado, Efraín de Siria?".[405]

---

402. Muller señala que el catálogo de temas "necesarios" para el estudio de la doctrina es "abrumador": incluye "gramática, lógica y retórica (el *trivium*), aritmética, geometría, música y astronomía (el *quadrivium*), filosofía, física, ética, política, economía, metafísica, historia, arquitectura y agricultura, y sobre todo latín, griego y hebreo", Prolegomena to Theology, p. 210.

403. Wesley, "Address to the Clergy," pp. 490-91.

404. *Ibíd.*, p. 492.

405. *Ibíd.*, p. 484.

¿Qué tiene todo esto que ver con el proyecto de la teología analítica actual? Creo que mucho. Porque si la teología analítica debe mantener la continuidad con la teología según se la ha entendido tradicionalmente, tratará de recurrir a los recursos de la tradición cristiana y comprometerse con su estudio especializado. Si la teología analítica está al servicio del pueblo de Dios y por causa del mundo, es lo menos que hará. Y si la teología analítica es teología que se hace *coram Deo* y en obediencia a la revelación gratuita de Dios, es lo menos que puede hacer.

Esto quiere decir que la tarea del teólogo analítico se ha vuelto más difícil que fácil. Realmente, puede parecer poco realista, y pretender lo contrario puede ser engañoso. William J. Abraham, partidario y practicante de ella, considera la siguiente objeción a la teología analítica:

> La teología analítica parece carecer totalmente de realismo si se mira lo que hace falta para hacer la labor teológica. La teología es un campo que lo abarca todo. Implica iniciarse en algunos idiomas antiguos y modernos, en el estudio histórico de las Escrituras, en la historia de la iglesia y sus enseñanzas, y en la valoración normativa de las prácticas, la ética y los dogmas de la tradición; implica también entrar en otras disciplinas como la sociología, la filosofía y otras similares. Imagina un teólogo que de pronto aparece y ofrece su filosofía sin una inmersión seria en toda la historia de la filosofía (antigua, medieval y moderna), y sin haber hecho un trabajo de primer orden en epistemología, ética normativa, metafísica, lógica y filosofía del lenguaje. Todo lo que es la teología analítica parece carecer desesperadamente de realismo si sumamos los requisitos y habilidades que hay que alcanzar.[406]

Abraham señala que "aun los teólogos fallan una y otra vez" en la labor de la teología sistemática.[407] Creo que Abraham tiene mucha razón en su evaluación de que los teólogos fallan en esta tarea, y creo que tiene razón al observar que gran parte de lo que pasa por ser teología "sistemática" o "dogmática" es en realidad más un trabajo de historia de la teología moderna. Y estoy de acuerdo con él en que la tarea parece desalentadora. Para los teólogos analíticos instruidos teológicamente, sacarle partido a los importantes recursos filosóficos parece realmente desalentador. Sin embargo, para los teólogos analíticos que se forman primeramente en filosofía, obteniendo una base de conocimiento necesaria (de la Biblia cristiana, de la teología de la tradición patrística, medieval, de la Reforma inicial, moderna y actual, y de importantes temas pastorales y culturales) hacer buena teología analítica es también un gran desafío.

406. William J. Abraham, "Turning Philosophical Water into Theological Wine," *Journal of Analytic Theology* (2013): 4.

407. *Ibíd.*

Reconociendo que "los teólogos recurren habitualmente a una amplia gama de disciplinas y las aplican a un conjunto complejo de situaciones", Marc Cortez subraya la naturaleza de este desafío.[408] Advirtiéndonos que no debemos "engañarnos pensando que los teólogos profesionales tienen un dominio importante en las muchas áreas y disciplinas implicadas", señala Cortez que todos tendemos a especializarnos en diferentes áreas y luego dependemos del trabajo de otros especialistas cuando nos hace falta.[409] Pero esto es, apunta con razón, un "problema relacionado con el carácter de la especialización académica tal como se la practica hoy en el mundo académico".[410] Cortez argumenta que "dada la amplitud disciplinar de la teología, hay que detener esa tendencia a hacer de ella un gueto académico".[411] Cortez tiene razón. La respuesta no es que cada teólogo sea un generalista total sin un área de especialización. Pero tampoco la tendencia actual hacia la balcanización intelectual es útil o sostenible en teología. Una alternativa mucho más realista, y creo que mucho más sana, es la siguiente: que el teólogo analítico obtenga al menos las competencias y conocimientos mínimos necesarios para poder acometer las diversas disciplinas relevantes, aprender de ellas y también enriquecerlas competentemente (y, a veces, desde perspectivas muy diferentes). Con este conocimiento y estas competencias para acometer las especializaciones disciplinares importantes, y aprendiendo de estas, podrá responder a ellas con la confianza adecuada.

La teología como "scientia y sapientia". Además de la preparación externa y objetiva, la labor teológica requiere también el cultivo del "*habitus* interior" del teólogo. Los escolásticos protestantes defendían que la piedad personal es "básica entre los rasgos de carácter del estudiante de teología", que es "esencialmente el temor de Dios *(timor Dei)*", que es, "tal como enseña la Escritura, la base fundamental *(principium)* tanto del verdadero conocimiento como de la sabiduría *(scientia et sapientia)*".[412]

En el resumen de Richard Muller, "las cualidades de la disposición para aprender *(docilitas)* y el celo *(sedulitas)* o diligencia *(diligentia)* se manifiestan, al menos en parte, por medio de la ausencia de amor perverso, de odio, de ira, de orgullo y de desánimo."[413] De igual modo, Thomas Oden resume las estipulaciones de Tomás de Aquino: la labor teológica depende "por medio de la gracia de ciertas virtudes intelectuales y morales para su correcta realización: paciencia,

408. Marc Cortez, "As Much as Possible: Essentially Contested Concepts and Analytic Theology; A Response to William J. Abraham," *Journal of Analytic Theology* (2013): 22.

409. *Ibíd.*

410. *Ibíd.*

411. *Ibíd.*

412. Muller, *Prolegomena to Theology*, p. 212.

413. *Ibíd.*

amor a la verdad, valentía para ser fiel a las convicciones propias, humildad ante los hechos, lealtad a la verdad y un profundo sentimiento de reverencia en presencia de la verdad"[414].

Partiendo de la profundidad y amplitud de la tradición teológica, Oden identifica varias "disposiciones" o "hábitos mentales" que son importantes para la labor teológica. Aunque estoy de acuerdo con Oden en que a veces "el escepticismo moderno puede menospreciar tales cualidades", creo que interesa mucho que los teólogos analíticos los tengan en cuenta a medida que avanzan en su cometido. Oden resalta primero la necesidad de "ser humildes ante la verdad".[415] Reconoce que "la gran magnitud del asunto puede llegar a intoxicar", y que "quienes están bajo su influencia pueden imaginar erróneamente que están moralmente por encima de los demás creyentes".[416] Oden tiene razón al señalar que esto es un peligro, y yo agregaría otro peligro estrechamente relacionado que también está presente: la tentación de pensar que son intelectualmente superiores a los demás creyentes. El estudio de la teología puede, en criaturas caídas, provocar orgullo y un sentido de superioridad moral. Pero también puede hacer que de forma exagerada el teólogo se sienta superior intelectualmente. Si los teólogos analíticos creen que son "los *ninjas* intelectuales de la teología" (como una vez oí decir a un joven estudioso muy brillante en una conferencia de teología analítica), la tendencia a la vanidad y a la presunción existe realmente. Y aunque esa tendencia no se limita solo al campo de los teólogos analíticos, es posible que la búsqueda de la excelencia en cuanto al rigor y la argumentación sea un terreno particularmente abonado para tales tentaciones. Como con otros pecadores, los teólogos analíticos deben prestar oídos a la amonestación de Santiago: "Dios resiste a los soberbios y da gracia a los humildes" (St 4:6). Puede que la teología analítica sea más propensa al pecado del orgullo. Quizás sí, quizás no; ¡qué importa! Lo que parece ser cierto es que la tentación de este pecado es real. Entonces, que el teólogo analítico se humille hasta ser como un niño, para ser luego más grande en el reino de los cielos (Mt 18:4).

Estrechamente relacionada con la humildad está la importancia de la reverencia y el temor.[417] Lo cierto es que "El principio de la sabiduría es el temor del Señor" (Pr 1:7), y no hay razón para pensar que esta sentencia no incluya al teólogo analítico. Siempre y dondequiera en las Escrituras, vemos que un encuentro genuino con Dios y, por tanto, el conocimiento genuino de Dios, producen una respuesta marcada por un profundo sentido de insuficiencia humana. Dada nuestra finitud y nuestra caída, ¿cómo podría ser de otro modo? Si la enseñanza cristiana acerca de Dios es en general correcta, ¿cómo pueden las criaturas humanas finitas

414. Oden, *Living God*, 1:360.
415. *Ibíd.*, 1:355.
416. *Ibíd.*, 1:363.
417. Oden trata el tema en *ibíd.*, 1:355-56.

tener un conocimiento genuino de Dios como su Creador y no sacudir la cabeza con asombro? Y si somos, como nos enseña la doctrina cristiana, pecadores que nos hemos torcido y pervertido a nosotros mismos, ¿cómo no podemos estar completamente anonadados conociendo a Dios como nuestro Redentor? Por otro lado, si hablar de Dios se convierte en una ocasión para nuestro propio engrandecimiento, y nos hace sentir exageradamente importantes en vez de producir una reverencia genuina y una profunda sensación de admiración, es que algo ha salido mal.

Oden también habla de la paciencia, a la que describe como "la disposición habitual a soportar las pruebas y frustraciones sin quejarse, a ser tolerante en las dificultades, a no dejarse perturbar por los obstáculos, retrasos y fracasos, y a perseverar con diligencia hasta que un problema llegue a quedar resuelto o ser entendido correctamente".[418] Los teólogos analíticos deberían oír y prestar atención a su consejo, pero puede que los criterios analíticos sean útiles para cultivar la paciencia como virtud intelectual importante. Porque la labor analítica constante, dura, meticulosa y rigurosa, rara vez es rápida o fácil y, con frecuencia, demanda una diligencia ágil y firme. Como hemos visto decir a Wesley, un análisis cuidadoso muestra "lo difícil que es demostrar algo".[419]

Oden argumenta que el trabajo teológico también implica un elemento crucial que es fácil pasar por alto u olvidar. Este elemento, dice, es "la oración pidiendo iluminación e instrucción divina".[420] La teología verdadera, insiste, implica cultivar la oración como hábito y la actitud de oración como afecto. Según él, la teología comienza con "una actitud abierta y receptiva ante Dios, pidiendo que la presencia e inspiración de Dios permitan que nuestros pensamientos se ajusten, en tanto como sea posible, a la realidad divina".[421] La teología genuina sigue la súplica del salmista:

> Abre mis ojos y miraré
> las maravillas de tu Ley.
> Forastero soy yo en la tierra;
> no encubras de mí tus mandamientos
> Salmo 119:18-19

Y sigue la amonestación de Santiago: "Si alguno de vosotros tiene falta de sabiduría, pídala a Dios, el cual da a todos abundantemente y sin reproche, y le será dada" (St 1:5). La falta de oración, por otro lado, tiende a fomentar tanto el desánimo como el orgullo. Después de todo, como nos recuerda Dietrich Bonhoeffer, el establecimiento de la primera tentación y el primer pecado ocurren durante la

---

418. *Ibíd.*, 1:356.
419. Wesley, "Address to the Clergy," p. 492.
420. Oden, *Living God*, 1:356.
421. *Ibíd.*

primera conversación teológica; es la "primera conversación *acerca de* Dios, el primer diálogo religioso y teológico".[422] La oración nos recuerda cuál es nuestro sitio en el proceso teológico; siempre y únicamente recibimos el conocimiento de las cosas de Dios como un regalo y nunca podemos presumir de ello. En consecuencia, debemos recibirlo con humildad y gratitud.

Oden observa que "si el estudio de Dios no está acompañado de 'la obediencia de la fe' (Ro 1:26), lo más seguro es que acabe siendo autoexpresión indisciplinada". Por tanto, "no hay temperamento más importante para la teología responsable que la obediencia, o respuesta radical, al mensaje divino [...] La obediencia implica no solo oír la verdad, sino actuar de acuerdo con ella para encarnarla en la propia vida".[423] El interés por la integridad tiene mucho que ver con esto. Por eso, "Jesús distinguió la enseñanza que nace del propio egocentrismo de la enseñanza de la verdad de Dios: 'El que habla por su propia cuenta, su propia gloria busca; pero el que busca la gloria del que lo envió, este es verdadero y no hay en él injusticia' (Jn 7:17-18)".[424]

Por último, Oden menciona la importancia de "estar dispuestos a sufrir por la verdad". Según él, "Ningún maestro o expositor cristiano es digno de ser oído si no está dispuesto a sufrir en caso de necesidad por la verdad de lo que enseña".[425] Como él dice, "Jesús no dudó en dejarle claro a sus discípulos que debían estar preparados: «Os entregarán a tribulación, os matarán y seréis odiados por todos por causa de mi nombre» (Mt 24:9)".[426] Oden señala que Lutero consideraba "vitales la oración, la meditación y la aflicción *(oratio, meditatio, tentatio)*" en el estudio de la teología:

> Esta es la piedra de toque, que te enseña no solo a saber y entender, sino también a experimentar lo correcta, cierta, dulce, encantadora, poderosa, y consoladora que es la Palabra de Dios; sabiduría por encima de cualquier otra sabiduría [...] A través de la furia del demonio, me han abrumado, angustiado y amedrentado tanto, que me han convertido en un teólogo bastante bueno, lo que nunca habría llegado a ser sin ellos.[427]

La teología, si implica un conocimiento verdadero de Dios no es ni puede ser un mero ejercicio intelectual. En consecuencia, si la teología analítica implica un conocimiento genuino de Dios, no es ni puede ser un mero ejercicio intelectual.

---

422. Dietrich Bonhoeffer, *Creation and Fall, Temptation: Two Biblical Studies* (New York: Simon & Schuster, 1997), p. 76.

423. Oden, *Living God*, 1:356-57.

424. *Ibíd.*, 1:357.

425. *Ibíd.*, 1:358.

426. *Ibíd.*

427. *Ibíd.*, 1:358-59.

II. EL TELOS DE LA TEOLOGÍA

¿De qué trata la teología a fin de cuentas? ¿Para qué –y para *quién*– es realmente? Pensemos en la teología analítica del siguiente modo: *como teología*, la teología analítica debe esforzarse por hablar verazmente de Dios de manera que lo glorifique, y al hacerlo ha de servir para edificar al pueblo de Dios. En palabras de Tomás de Aquino: "El objetivo principal de la doctrina sagrada es enseñar el conocimiento de Dios, no únicamente cómo es en sí mismo, sino también como principio de las cosas y su fin último".[428] El escolástico reformado Francisco Turretino modifica este tema ligeramente: "En teología se discute todo, sea porque tiene que ver con Dios mismo o porque esté relacionado con él como principio inicial y fin último".[429] El resumen de William J. Abraham refleja esta idea en muchos aspectos: "La responsabilidad del teólogo es hablar de Dios y de todo cuanto se refiera a Dios".[430] Y si la teología analítica realmente es "teología sistemática en sintonía con las competencias, recursos y virtudes de la filosofía analítica", entonces la tarea del teólogo analítico también es "hablar de Dios y de todo cuanto se refiera a Dios".[431]

He tratado de argumentar que la labor del teólogo analítico es más amplia de lo que a veces solemos pensar. También es, sin embargo, muy precisa y particular. Porque la tarea del teólogo no es simplemente decir cosas acerca de Dios (o de Dios y todo lo demás), es hablar de Dios con *veracidad* (hasta donde alcanzamos) y hacerlo de manera que celebre la gloria del ser divino y sus obras. Como dice Turretino, Dios "no debe ser considerado simplemente como Dios en sí mismo [...] sino como el Dios nuestro (que hizo un pacto con nosotros en Cristo al revelarse en su palabra no solo como motivo de conocimiento sino también de adoración). La verdadera religión (la que enseña la teología) consiste en ambas cosas".[432]

Por tanto, si hacemos teología analítica pero no nos esforzamos al máximo para hablar verazmente de Dios, simplemente no hemos cumplido con nuestro cometido. La teología hecha como una mera "tertulia" no tiene, en definitiva, sentido, y lo más seguro es que conduzca a la idolatría.[433] Si eso es todo lo que

---

428. Tomás de Aquino, *Summa Theologica* I.2, trad. Ing. the Fathers of the Dominican Province (New York: Benzinger Brothers, 1948).

429. Francisco Turretino, *Institutes of Elenctic Theology*, trad. Ing. George Musgrave Giger, ed. James Dennison Jr. (Phillipsburg, NJ: P & R, 1992), p. 16.

430. William J. Abraham, "Turning Philosophical Water into Theological Wine," *Journal of Analytic Theology* (2013): 4.

431. *Ibíd.*, p. 5.

432. Turretino, *Institutes*, p. 16.

433. Ver Randal Rauser, "Theology as Bull Session," en *Analytic Theology: New Essays in the Philosophy of Theology*, ed. Oliver D. Crisp y Michael C. Rea (Oxford: Oxford University Press, 2009), pp. 70-84.

somos capaces de hacer, entonces habremos fallado en nuestra vocación. Nuestra vocación es hablar verazmente de Dios.

Y si hacemos teología analítica de manera que nos ensalce a nosotros mismos en vez de glorificar a Dios, no habremos hecho nuestro trabajo. Habremos fallado; verdaderamente, habremos fallado miserablemente. Eso no quiere decir que todos los proyectos en teología analítica deban comenzar con una reunión de oración y concluir con un llamado al altar. Tampoco se trata de sugerir que toda la teología analítica sea "popular" en cuanto a su nivel, o que haya de reducirse a una lectura "devocional". De ningún modo; necesitamos buscar una teología analítica que tenga todo el rigor que podamos acumular.

Por último, la teología analítica, como tal *teología*, ha de estar al servicio de la iglesia y del mundo. Nada de lo que digo aquí es para denunciar o menospreciar la función *crítica* de vital importancia de la teología analítica. A veces, hay que limpiar el pincel y los recursos de la teología analítica a menudo sirven admirablemente en esa tarea. Pero tanto en su faceta crítica como en la constructiva, la teología analítica puede servir a Dios y a los propósitos de Dios en el mundo. Y, como tal teología, debería hacerlo.

III. UNA INTRODUCCIÓN A LA TEOLOGÍA ANALÍTICA Y ALGUNAS MODESTAS SUGERENCIAS

La teología analítica, entendida como "teología sistemática en sintonía con las competencias, recursos y virtudes de la filosofía analítica" (como Abraham, y valorando los P1-P5 de Rea, ver cap. 1), en su avance tiene mucho que aportar a la teología constructiva cristiana. Los teólogos pueden beneficiarse de las "competencias" y "recursos" de la tradición analítica y participar en ella puede generar más claridad y rigor en la disciplina. Al mismo tiempo, los filósofos de la religión que están interesados en cuestiones teológicas pueden beneficiarse de una participación más directa en las fuentes y los métodos de la teología. Tal como yo lo veo, este es el momento para que salgamos de nuestros castillos disciplinares, nos arrepintamos (en lo que corresponda) de nuestra arrogancia y actitud defensiva y tratemos de hacer un trabajo genuinamente interdisciplinar. Hago las siguientes sugerencias con la esperanza de avanzar de verdad.

La teología analítica y moderna. Los teólogos analíticos deberían relacionarse directa y desinteresadamente con las principales figuras y movimientos de la teología moderna y contemporánea. Algunos filósofos analíticos de la religión pueden pensar que tal ejercicio sirve de poco; a algunos de ellos les parece que la teología moderna y contemporánea es demasiado confusa y confunde demasiado para que el esfuerzo merezca la pena. Según esto, la teología moderna perdió su rumbo cuando cambió su primogenitura por unas desastrosas gachas continentales y un veneno posmoderno. En consecuencia, no hay ningún beneficio en un compromiso prudente con la teología y los teólogos modernos; porque nada que valga la pena podemos encontrar por ahí, y si buscas algo que valga la pena, no tienes por qué hacerlo entre tanta basura estúpida y sin sentido. Al parecer, esta es a veces la tentación que acosa al defensor de la teología analítica.

Pero, aunque entiendo esta tentación (y confieso que a veces me siento atraído por ella), estoy convencido de que una actitud tan desdeñosa es equivocada y desafortunada. Creo que hay varias razones por las que la teología analítica necesita relacionarse con la teología moderna y contemporánea. Primero, se necesita la participación desinteresada por razones pragmáticas. Posiblemente, a los teólogos no les caerá muy bien la idea de que los "filósofos", con mucho menos formación técnica en las fuentes y métodos de la teología, estén realmente mucho mejor equipados que ellos para entender sus temas. Cualquier tratamiento que huela a la idea de que "no tenemos vuestra formación en los diversos campos secundarios de la teología, pero la realidad es que ni siquiera la necesitamos, porque somos más listos que vosotros y ahora estamos reflexionando mucho sobre los problemas en los que por tanto tiempo habéis estado tropezando", lo más seguro es que aleje a los teólogos profesionales. Y estoy seguro de que tal alejamiento no es bueno para el futuro de la teología analítica. El éxito de la empresa depende de trabajar de verdad de modo interdisciplinar, lo que en buena parte depende, a su vez, de la buena voluntad mutua. No es momento para el esnobismo intelectual, en ninguna dirección. Así que, si los teólogos analíticos quieren tener voz dentro de la corriente principal de la teología sistemática o constructiva, tendrán que mostrar respeto y actuar de forma desinteresada; tendrán que tomarse en serio el trabajo de los teólogos.[434]

En segundo lugar, la participación desinteresada es importante porque simplemente no hay forma de evitar los problemas, desafíos y oportunidades de la era moderna. Los teólogos analíticos pueden (o no, claro) creer que las principales respuestas que muchos teólogos modernos han dado a los desafíos de la modernidad han sido fallidas y erróneas. Pueden pensar que los teólogos prominentes de la era moderna han elegido mal a sus mentores filosóficos e interlocutores. Pueden juzgar que el producto resultante es profundamente defectuoso y desviado. Pueden pensar que es de coherencia dudosa, moviendo sus cabezas ante los elementos de la tradición clásica a la que los teólogos modernos tan rápidamente se rindieron o desecharon. También pueden, naturalmente, mover la cabeza desconcertados ante aquello a lo que los teólogos modernos se aferraron; pueden preguntarse: "¿Por qué eran tan recalcitrantes *al respecto*?" Aun así, sin embargo, e incluso cuando el teólogo analítico juzgue que el trabajo de los teólogos modernos sea

---

434. Un extraordinario ejemplo de esto es Kevin Diller, "Is God *Necessarily* Who God Is? Alternatives for the Trinity and Election Debate," *Scottish Journal of Theology* (2013): 209-20.

deficiente, puede ser que los conflictos de la era moderna sean instructivos, y que la teología analítica constructiva pueda beneficiarse viéndolos dentro de sus contextos intelectual y social.

Por último, quizás el teólogo analítico tenga en realidad algo que aprender (en sentido positivo) de la teología moderna y contemporánea. Los teólogos actuales suelen estar muy al tanto de cómo la teología se entrelaza con una amplia gama de inquietudes sociales, éticas y políticas. Con frecuencia son muy conscientes de tales problemas y están acostumbrados a hacer que la teología los asuma. Tal vez esta es una forma, entre otras muchas, de que los teólogos analíticos se beneficien realmente de la relación con la teología moderna y contemporánea. Es decir, que los teólogos analíticos pueden ver que sus horizontes se abren al aprender de la teología moderna al verse obligados a involucrarse más con las ciencias naturales y sociales, así como con los problemas culturales y éticos. Además, por supuesto, deberían abrirse a la posibilidad de que tal relación pueda hacer más profundas sus ideas. Asumir menos de esto es, a mi modo de ver, simple arrogancia.

La teología analítica y la interpretación teológica de las Escrituras. La teología analítica, si realmente ha de ser teología, debe estar arraigada y fundamentada en la revelación divina. En consecuencia, la revelación de Dios en la encarnación del Hijo tiene que ser decisiva. Y para los teólogos cristianos que creen que Dios se ha revelado en las Escrituras o por medio de ellas, la dependencia de las Escrituras es de vital importancia. Permítaseme decir primero lo que esta afirmación no significa. En primer lugar, no pretendo decir que el teólogo analítico no tiene nada que aportar a la teología a menos que también sea experto en la Biblia hebrea o Antiguo Testamento cristiano, y en los estudios del Nuevo Testamento. Los estudios requerido para ser un verdadero experto en estudios bíblicos es muy amplio, y las competencias y conocimientos previos necesarios, incluido el estudio de los idiomas bíblicos, así como de los idiomas afines y vecinos, la historia y los antecedentes culturales judíos del Segundo Templo, del antiguo Oriente Medio, grecorromanos o mediterráneos, los métodos y las conclusiones histórico-críticas, la historia de la interpretación, la crítica literaria y, por supuesto, la exégesis de textos particulares y su lugar dentro de varias unidades mayores y el canon, para dominarlos hace falta toda una vida. Sugerir que el teólogo analítico tenga que ser un experto genuino en todos estos campos es poco realista y seguramente pretencioso. Pertenecer al gremio de los estudios bíblicos no tiene por qué ser un requisito previo para los teólogos analíticos. En segundo lugar, no pretendo sugerir que todo tratado de teología analítica deba reducirse a un ejercicio de exégesis bíblica, o incluso que cualquier trabajo de teología analítica tenga que comenzar por la exégesis bíblica. No obstante, la dependencia de las Escrituras es de vital importancia para los teólogos cristianos. He expresado algo que no quiero decir cuando escribo lo que escribo, así que permítaseme explicar también lo que considero que significa esta afirmación. En primer lugar, los teólogos analíticos han de conocer la Escritura lo suficientemente bien como para poder relacionar su trabajo con lo que la Biblia dice sobre el tema o temas en discusión, y saber si las claras implicaciones de lo que dicen las Escrituras lo afectan directa o indirectamente. Recordemos la advertencia de Karl Barth: "Exégesis, exégesis, exégesis".[435] Segundo, han de conocer lo suficiente sobre el estudio académico de la Biblia como para poder estudiarla y beneficiarse de ella. En tercer lugar, deberían saber lo suficiente sobre la actividad académica en estudios bíblicos para poder aportar así sus propias preguntas y críticas en el momento oportuno.[436] Por último, han de darse cuenta de que la teología analítica podría hacerse mejor dentro de una comunidad académica en la que exista un buen reparto de tareas, intercambio útil de ideas, corrección mutuamente beneficiosa y retroalimentación. En su trabajo, los teólogos analíticos han de comprometerse con el *Sache* de las Escrituras y, por tanto, trabajar con el texto real de las Escrituras.

En particular, trabajar en la intersección de la teología analítica y la "interpretación teológica de las Escrituras" promete mucho. Tal como dice Daniel J. Treier, la interpretación teológica de las Escrituras tiene mucho en común con la interpretación tradicional cristiana de la Biblia: "Los cristianos leían la Biblia como Escritura, que tiene la autoridad de la Palabra de Dios para la fe y la vida; por tanto, interpretar la Escritura era encontrarse con Dios".[437] Y aunque no se opone (o no tiene por qué oponerse) a los estudios histórico-críticos, no siempre se sujeta a ellos ni es fiel a las conclusiones que se desprenden de tales estudios. Suele ver la tradición cristiana como una ayuda y un aliado en la interpretación de la Biblia y considera valiosa la exégesis "pre-crítica". Da cabida a diversas formas de interpretación "poscolonial" y "pos-crítica", y a menudo sus seguidores valoran mucho la "teología canónica". Como es lógico, la "exégesis teológica trata la Biblia como palabra sobre Dios y procedente de Dios".[438]

---

435. Karl Barth, en Eberhard Busch, *Karl Barth: His Life from Letters and Autobiographical Texts* (Philadelphia: Fortress, 1976), p. 259.

436. P.ej., C. Stephen Evans, *The Historical Christ and the Jesus of Faith: The Incarnational Narrative as History* (Oxford: Oxford University Press, 1996); Alvin Plantinga, *Warranted Christian Belief* (Oxford: Oxford University Press, 2000), pp. 374-421; William P. Alston, "Historical Criticism of the Synoptic Gospels," en *"Behind" the Text: History and Biblical Interpretation*, ed. Craig Bartholomew, C. Stephen Evans, Mary Healy y Murray Rae (Grand Rapids: Zondervan, 2003), pp. 151-80; Peter van Inwagen, "Critical Studies of the New Testament and the User of the New Testament," en *Hermes and Athena: Biblical Exegesis and Philosophical Theology*, ed. Thomas P. Flint y Eleonore Stump (Notre Dame, IN: University of Notre Dame Press, 1993), pp. 159-90. Ver también la respuesta de C. L. Brinks, "On Nail Scissors and Toothbrushes: Responding to the Philosophers' Critiques of Historical Biblical Criticism," *Religious Studies* (2013): 357-76.

437. Daniel J. Treier, *Introducing Theological Interpretation of Scripture: Recovering a Christian Practice* (Grand Rapids: Baker Academic, 2008), p. 13.

438. *Ibíd.*, p. 36.

Este movimiento está creciendo. Es muy variado y muy prometedor. Es, creo, un interlocutor muy natural para la teología analítica. Y será, espero, la próxima frontera para la teología analítica.

La teología analítica y la tradición cristiana. Del mismo modo, la teología analítica crecerá como teología y servirá mejor a la iglesia si se compromete a depender seriamente de los recursos y las ideas de la tradición cristiana. Los teólogos analíticos actuales pueden pensar a veces –quizás demasiadas veces– que la tradición ha errado de manera importante. Pueden llegar a la conclusión de que en ocasiones los teólogos de la época patrística, medieval y moderna equivocaron el camino o, en otros casos, siguieron la vía correcta, pero simplemente no llegaron lo suficientemente lejos. En tales casos, los teólogos analíticos actuales pueden aprender de los errores y tropiezos de sus predecesores. En otros, los teólogos que realizan un trabajo analítico constructivo pueden obtener beneficios del gran trabajo que hicieron sus predecesores. En cualquier caso (y debo confesar que en general encuentro mucho más que apreciar que de rechazar), la teología analítica actual se beneficia de ello. Resumiendo, la teología analítica tiene que trabajar de manera más minuciosa y recibir más de la "teología de recuperación".

La teología analítica y la teología global cristiana. He señalado que los movimientos florecientes asociados con la "teología global cristiana" ofrecen oportunidades para el compromiso y el crecimiento. La teología analítica puede interesarse más en los problemas teológicos del "mundo mayoritario" (el sur global o segundo y tercer mundos). La teología analítica puede también proporcionar algunas de las competencias y recursos que servirán a las teologías en desarrollo en diversos contextos en los que se dan una gran multitud de problemas. Lo que hace falta es ser más conscientes y tener una sensibilidad mayor, junto con el compromiso y la capacidad de afrontar humildemente una amplia gama de problemas y desafíos teológicos. Tal compromiso, desde varios ángulos, está plagado de peligros y es casi seguro que no será fácil. Pero es demasiado importante para ser ignorado.

La teología analítica y la cura de almas. Creo que está claro que la teología analítica también ha de estar en sintonía en cuanto su relación con la cura de almas. Hay teólogos analíticos que se oponen a tal conexión; otros protestan porque el análisis conceptual se desarrolla muy lejos de la vida espiritual del peregrinar de los creyentes. Pero si la teología analítica es realmente teología, si tiene la intención de hablar lo más verazmente posible de Dios, y de todo cuanto se relaciona con Dios, entonces tiene que asumir su responsabilidad pastoral.

Siendo claro, no quiero decir con esto que el trabajo de los teólogos analíticos debe dirigirse siempre a audiencias "populares" (o a pastores y clérigos en activo). Si se hace bien, ciertamente es una bendición, así como también hay espacio para muchísima "teología analítica popular" mientras esta se haga bien.[439] Pero no estoy sugiriendo que la teología analítica tenga que hacerse siempre así o elevar el tono a este nivel; tampoco quiero sugerir que tenga que ser "aligerada". Al contrario, hablo de manera más genérica sobre la necesidad de que los teólogos analíticos aborden su tarea teológica con la sensibilidad adecuada a la profundidad de los problemas afectivos. Consideremos los casos estudiados que he presentado previamente. De distinta forma, todos implican graves consecuencias pastorales y, en cada caso, la teología analítica bien hecha es útil pastoralmente. Viéndolos en orden inverso no tenemos que mirar muy lejos para ver que los problemas relacionados con el cruce entre la fe y la ciencia son potencialmente perturbadores para muchos creyentes. Muchos (de ambas posiciones) aseguran que las únicas opciones legítimas son o "evolución" o "creación", y a veces a los cristianos se les enseña que o creen que la tierra solo tiene unos pocos miles de años o están negando su fe y a su Salvador. En tales situaciones, una labor teológica esmerada e instruida puede ser pastoralmente útil, y la tradición analítica puede aportar recursos y competencias adecuadas y útiles para esta tarea. Si hablamos de la metafísica de la encarnación, a primera vista puede parecer que esos problemas están más alejados del discipulado cristiano y de la cura de almas. Pero este vistazo inicial puede inducirnos a error. Como pastor de varias congregaciones en el suroeste de Michigan y en el sur de la Alaska central, he conocido a muchas personas que creían, a veces de manera muy arraigada y hasta agresiva, que el Jesús verdaderamente humano también era de alguna manera totalmente divino y uno con el Padre, que su vida, muerte y la resurrección fueron de alguna manera profundamente significativas debido a quién era él, y que su Espíritu estaba con ellos en medio de sus penas más profundas y de sus más altas alegrías. Para ellos, esta fe era altamente significativa y consoladora, aunque a veces también eran conscientes de los desafíos de la doctrina. Así que, aunque el tipo de discurso propio la teología analítica les era extraño, los problemas básicos no lo eran.[440] De igual modo, a muchos cristianos les interesan profundamente los temas relacionados con la providencia y la soberanía divinas, por un lado, y la responsabilidad y libertad humanas, por otro. Aunque los problemas del cruce entre las Escrituras y la metafísica pueden ser complicados, los problemas básicos y subyacentes interesan a muchos cristianos.

---

439. No es difícil encontrar ejemplos sobresalientes de ello. Sobre el problema del mal ver, p.ej., Michael C. Rea, "Divine Hiddenness, Divine Silence," en *Philosophy of Religion: An Anthology*, ed. Louis Pojman y Michael C. Rea, 6ª ed. (Boston: Wadsworth, 2012), pp. 266-75; Eleonore Stump, *Wandering in Darkness: Narrative and the Problem of Suffering* (Oxford: Oxford University Press, 2010); Alvin Plantinga, *God, Freedom, and Evil* (Grand Rapids: Eerdmans, 1974).

440. Este punto refleja el de Thomas McCall, "Theologians, Philosophers, and the Doctrine of the Trinity," en *Philosophical and Theological Essays on the Trinity*, ed. Thomas McCall y Michael C. Rea (Oxford: Oxford University Press, 2009), p. 348.

IV. CONCLUSIÓN

La teología necesita los recursos de la tradición analítica. Como observa Fred Sanders: "La teología sistemática fuertemente sustentada por la exégesis bíblica y la historia de la doctrina se beneficiarían enormemente de la claridad conceptual que proporciona la teología filosófica que se centra en tareas analíticas".[441] Pero la teología analítica también tiene que ser *teología*; tiene que estar basada en la Escritura, sustentada por la tradición cristiana y ser consciente de sus contextos eclesial y cultural. Como dice Sanders, "la teología filosófica puede beneficiarse de un encuentro más cercano con los grandes temas del legado cristiano, y una mejor comprensión de la lógica bíblica por la que tales temas emergieron en forma conceptual".[442]

La teología analítica constituye un desarrollo potente y prometedor de la teología cristiana. Ya sea que se la entienda mejor como un nuevo movimiento o como una renovación vibrante de formas antiguas de hacer teología, parece tener un futuro brillante. Ha llegado el momento, entonces, de que los teólogos analíticos "den un paso al frente con humilde audacia, imaginación intelectual y seriedad espiritual, aprovechando las fuentes de las Escrituras y los profundos recursos de dos milenios de teología cristiana".[443] Quizás, por la gracia de Dios, puede ser usada por Dios para los propósitos espirituales amplios y profundos de la teología. Quizás, por la gracia de Dios, pueda hablar correctamente del Dios trino amante y santo. Y quizás, por la gracia de Dios, produzca amor a Dios y al prójimo.

441. Fred Sanders, "The State of the Doctrine of the Trinity in Evangelical Theology," *Southwestern Journal of Theology* (2005): 170.

442. *Ibíd.*

443. Nicholas Wolterstorff, "To Theologians: From One Who Cares About Theology but Is Not One of You," *Theological Education* (2005): 85.

ÍNDICE DE AUTORES

ÍNDICE TEMÁTICO